《驻村札记》编委会

驻村札记

ZHUCUN ZHAJI

云南农业职业技术学院 编

云南大学出版社
Yunnan University Press

图书在版编目（CIP）数据

驻村札记 / 云南农业职业技术学院编 . -- 昆明 : 云南大学出版社，2020

ISBN 978-7-5482-4037-2

Ⅰ . ①驻… Ⅱ . ①云… Ⅲ . ①农村 – 扶贫 – 工作 – 文集 Ⅳ . ① F323.8-53

中国版本图书馆 CIP 数据核字 (2020) 第 117067 号

策　　划：朱　军
责任编辑：张　松
装帧设计：刘光火

驻村札记

云南农业职业技术学院　编

出版发行：云南大学出版社
印　　装：昆明瑆煋印务有限公司
开　　本：787mm × 1092mm　1/16
印　　张：10.75
字　　数：156千
版　　次：2020年12月第1版
印　　次：2020年12月第1次印刷
书　　号：ISBN 978-7-5482-4037-2
定　　价：50.00元

社　　址：昆明市一二一大街182号（云南大学东陆校区英华园内）
邮　　编：650091
电　　话：0871-65033244　65031071
E – mail：market@ynup.com

写在开头的话

2018年2月，云南农业职业技术学院扶贫驻村工作队员5人响应学院号召，在学校党委书记崔金赋、学校纪委书记冯志宏、学校党院办主任金吉斌等的带领下前往临沧市耿马县大兴乡龚家寨村驻村扶贫。转眼间就快两年了，想起和村民们朝夕相处、“战天斗地”的日日夜夜，就禁不住心情激动，思绪万千。

2018年，我和赵梓敬、段晓华共同渡过了人生中最难忘的一年。驻村期间我们住在龚家寨村委会二楼的一间活动板房里。当地湿气大，气温高，住在房间里就像蒸桑拿，坐一会儿就满头大汗了。大家常开玩笑说，我们待遇太好了，天天免费洗“桑拿”。这段经历对驻村工作队员来说将终身难忘。

小赵1992年出生，小段1994年出生，我1987年出生。待到21世纪中叶，小赵53，小段51岁，我58岁，到那时，我们还有机会参与到实现第二个百年目标的攻坚工作吗？每谈及此，我们倍感幸运和荣耀，因为不是每个人都有机会能站在这个历史的关键节点，迎风破浪。尽管远离家人，上不能孝敬父母，下不能和子女戏嬉，更不能和爱人花前月下漫步，生活平淡而且枯燥，早下地，晚入户……但我们无怨无悔。我们感恩有这样的机会，感谢这个伟大时代，感谢党和国家，感谢云南农业职业技术学院，感谢父母和妻儿。

为纪念这段难忘的青春岁月，并寄希望于第二个百年目标实现之际也能有更大作为，为记住成千上万的扶贫人和驻村队员，记住云南农职学院一批又一批扶贫人和驻村队员，我摘取了几个伙伴在扶贫攻坚中的经历整理出了这本《驻村札记》。

本书分为六个部分，分别是驻村印象、驻村趣闻、驻村调查、驻村故事、驻村乐趣、扶贫心声。《驻村札记》中的内容都来自我们驻村扶贫期间的真人真事、真情实境、真切感受。

我们希望《驻村札记》能为大家认识龚家寨村脱贫攻坚成就提供一个小小窗口，能为大家认识这场轰轰烈烈的脱贫攻坚战提供一个小小场景，能为这项对中华民族、对整个人类具有重大意义的伟业提供一个历史见证。

廖承菌

2019年12月31日写于龚家寨村

目　录

第一篇　驻村印象

第二篇　驻村趣闻

第三篇　驻村调查

第四篇　驻村故事

第五篇　驻村乐趣

第六篇　扶贫心声

回　顾

第一篇 驻村印象

映入眼帘的是一片绿色，漫山遍野，远的、近的，高的、低的，核桃树、油茶树、绿竹林、芭蕉……眼前的美好景色让你目不暇接。这里的绿是那么的自然，那么的协调，那么的一尘不染。

我们来啦

2018年2月23日，我接到学校的通知，知道自己被选拔为驻村扶贫队员。通知要求驻村队员于2月26日到校集合前往龚家寨村驻村扶贫点。2018年2月25日早上，我从湖南岳父家驱车返回昆明，26日凌晨两点半左右回到昆明家中。在家煮了碗面条吃了之后，便提着母亲帮我收拾好的行李赶往学校茭菱校区集合，7点就随队伍出发了。

我和大家一起坐上学校安排的“专车”离开了学校，前往扶贫工作点。路途中，大家聊了很多话题。大家尽管说说笑笑，却丝毫掩盖不住各自内心的激动。我想，不就一个村子嘛，用得着这样“大动干戈”吗！过去只知道学校向农村派驻过扶贫队员，捐过钱款，但没有太多关注。没有想到，现在“天降大任”于“斯人”。我们去做什么？能做什么？怎么做？一个又一个问题让我对未来感到茫然。

蔡东、刘庆欣和我一样，都是此次轮换去的新队员，我们一同前往龚家寨村参加历时不少于两年的脱贫攻坚工作。同行的还有老队员何桥、赵梓敬，总共5名驻村队员。其中，何桥接替第一任驻村第一书记黄富金，成为我们这轮的驻村第一书记。

2015年，黄富金、赵筱、盛鹏作为第一批驻村工作队员被派驻龚家寨村。2016年，又加派了谭淑文、陈百丽两名驻村工作队员。2017年对驻村工作队员做了部分调整，由何桥、赵梓敬替换黄富金、谭淑文。这次，蔡东、刘庆欣和我替换盛鹏、赵筱、谭淑文，并由我们三人与老队员何桥、赵梓敬组成第三批驻村工作队。

当天晚上，我们就赶到耿马县。我们一行人受到了耿马县南桂香县长的热情接待。南县长首先介绍了党中央的扶贫政策，其次介绍了耿马县扶贫工作进展情况，最后殷切地希望我们在耿马县脱贫攻坚工作中大有作为。能成为驻村扶贫队员，我们备感荣幸。我想，作为驻村扶贫工作队员，我们真有那么大的本事，居然受到各级领导如此重视。我们摩拳擦掌，暗自下定决心，一定不辜负耿马县人民对我们的期望。当晚，我翻来覆去，久久难眠，满脑子想着如何扶贫的事。

第二天一大早，我们吃完早饭，便匆匆从县城赶往驻地——龚家寨村。不到100公里的路程，花了三个多小时。学校的嘱托，领导的期望，同事的期待，妻子的叮咛，还有一路所见、所感、所想，让我明白驻村工作队员肩负的使命。

到了村委会，车还未停稳，我就按捺不住内心的激动，迫不及待地跳下车，想一睹为快。哇！这就是我要为之工作的龚家寨村吗？

我情不自禁地伸开双臂，大声吼道："我们来啦——"

（廖承菌）

驻村第一天

2018年2月27日是我人生中具有特殊意义的一天，因为从这天起我的角色就由一名教师转变为一名驻村扶贫工作队员，我将在耿马县大兴乡龚家寨村参加为期不少于两年的脱贫攻坚工作。

◆图1　驻村吃的第一顿晚餐

顺利地到达龚家寨后，当天晚上，我们聚在一起吃了一顿大餐，算是给自己接风洗尘。吃完晚饭后，我怀揣着好奇心，独自出了村委会院子的大门，漫无目的地沿村委会背后的乡间小路走去。

乡村小道是人工修筑的土路，坑洼自然少不了，好在没有下雨，路还是比较好走的。不知走了多远，天色渐渐黑了下来。整个村子被夜色环抱，变得寂静无声，路边轻柔的晚风吹拂着的树枝沙沙作响，偶尔从远处传来几声狗叫声。我停下前行的脚步，准备转身返回住处。此时，路上方的不远处有一点光亮时现时隐，光亮移动的方向基本上与我走路的方向一致，我感到很奇怪，故意放慢了脚步。过了一会又看到光亮在我的前方移动并很快靠近我，我加快脚步赶上去一探究竟。原来是一个老妇人带着三个小女孩，老妇人背着背篓，左手牵着一个个子最小的小孩，右手还拎着一个鼓鼓的“蛇皮”口袋。

“大妈，天都黑了，还带着三个小孩子出来玩？”我走到她们旁边问道，“还是要赶着去哪儿呀？”

"送小孩子去学校，你是村上的吗？"她好奇地看着我说道，"没见过你呀。"

我也好奇地看着她说道："嗯嗯，我是新来的驻村队员。怎么现在还要送去学校呢？她们多大了？"

"学校离家有点远，白天来不及送。小的这个上一年级，另外两个上二年级。"她说道。

"哦！一年级的小孩子就要住校啦？还是有亲戚住在学校附近，只是先把小孩送到亲戚家先住一晚上？"我疑惑地问道。

"住学校，明天开学了。"她解释道，"平时星期五才接回去，星期天晚上又要送回学校。"

龚家寨小学紧靠着村委会，就在村委会一侧的围墙下方。说着我们便已经一起来到了村委会附近，然后相互招了招手，表示再见。她便带着三个小孩下了一段斜坡路，进了学校，而我直接回村委会。

"一年级小孩才六七岁，就住校？"我在心中疑惑。刚刚踏进村委会的我又转身返回，叫住刚才那位带孩子的妇人，和她一起来到小学宿舍。

到了小学宿舍，那位带孩子的妇人便把她带来的被褥从蛇皮口袋里拿到床上，三个小孩子争先恐后地帮她一起往床上铺被褥。没过一会儿，她看他们力气小，把他们喊下了床，自己一张张地铺。

宿舍里还有几个家长也正在为自己的孩子铺床。一会儿的功夫，家长们收拾好自己小孩子的床铺就回去了。随后见一名女教师走了进来，她给小孩子们交待了晚上睡觉的规矩，小孩子们便陆陆续续端着洗脸盆去洗漱了。

◆图2 村民在为小学生铺床

这位女教师姓姜，我向姜老师了解了一下

这所小学的一些情况。

“没有想到这里的小学生一年级就开始住校啊！”我感叹道。

“是呢，有差不多一半的学生家离学校不是很近，有的小孩子父母又在外务工，所以都是周日晚上由大人送到学校，在学校待五天，星期五下午家长又来把他们接回家。”姜老师介绍道。

“白天上课，晚上这些小孩子怎么办呢？是上自习课，还是自己玩？有专门的人管吗？”我问道。

“晚上吃完饭后，就让他们自己在校园里玩一会，8点左右上自习。”姜老师介绍道，“我们老师会在教室里守着。”

“也就是说你们老师从周一到周五都要在学校里守着？”我问道。

“是呢，周末会出去买点东西，平时都在学校。上面就是我们的宿舍。”姜老师边说边指给我看老师住的地方。

“活动板房，你们都住上面吗？”我惊讶地问道。

“是呢，都住在上面，下面是学生住的。”她又说道。

“这种房子一般在工地上才见得到，没想到你们也住在里面。长期住活动板房受得了吗？”我感叹道，“你们在这样的地方工作也确实不容易啊。”

“中午有太阳的话，确实不好睡午觉，热得要死，遇到下雨天，屋顶就叮叮哐哐地响个不停，吵得心烦。”姜老师满脸无奈地笑了笑说道，“不过住习惯了。”

这就是偏远山区小学老师们生活的真实写照。

“我刚才在路上看到大人送小孩子来学校，不少小孩都会自己铺床，真是挺不错的。”我又说道。

“是呢，这里的小孩子确实比较听话，小小的就会做家务，没办法呀!”姜老师说道。

“这些小孩子吃住都在学校，一个月要花费多少钱呢？”我问道。

“基本上不用家长花钱，对接受小学阶段教育的学生，国家实行了‘两免一补和营养早餐’政策，就是‘两不愁，三保障’政策中的教育有保障。你们是今年新派下来的，可能还不太清楚，不过后面都

◆图3　龚家寨村小学的夜晚

会清楚的。”姜老师很真诚地向我介绍。

“是呢，国家一直对教育非常重视。要是没有国家政策的支持，恐怕这里很多村民都无法承担小孩子上学的费用啊！”我回答道。

“是呢，现在政策好，基本上都能读到初中毕业。”姜老师答道。

“那高中呢？还有大学呢？”我接着问道。

“主要由于我们这里比较贫穷，村民普遍没什么文化，过去也没有接受过多少正规教育，也不大关心小孩子的教育，能读到高中甚至考上大学的学生基本离不开国家在经济上的帮助和支持。”姜老师解释道。

回到村委会后，我一直睡不着，脑中不断想着刚才发生的事。没想到这么偏远的一所小学，5个老师要负责三个年级40多个学生的学习和生活。她们既是老师又是家长，学生需要上什么课，她们就上什么课，不分“专业”，语文、数学、体育、音乐课都能上，也没有额外的课时报酬。我把他们称为“全科老师”。

这里的小孩子为了上学，从一年级便开始住校，独立生活，周末还要回家帮家里做农活，从小背负了许多她们这个年龄本不该有的压

◆图4　月色下的龚家寨村委会

力。这些老师为了这些孩子，放弃陪伴家人和个人休息的时间，成天坚守在学校，而且没有因为住的是活动板房，工作繁重，生活枯燥无味而去抱怨。她们都是最好的“那个自己”，她们都在为了各自的梦想在坚守。

驻村第一天，龚家寨村小学的老师和孩子们给我上了生动的一课，令我终生难忘。

我告别了他们，回到了村委会，此时队友们已经都睡了。

（廖承菌、赵梓敬）

初次印象

一、雾

我们的车还在前往龚家寨的蜿蜒山路上盘旋，车窗外一团团的浓雾已气势汹汹地向我们迎面扑来，像要把我们生吞了一般。我以前遇到雾的时间要么在早晨，要么在傍晚，看看表，此时刚好午后两点钟，如此“放肆”的雾，我还是第一次见。到了村上，我把行李箱打开，将床铺铺停当了，便去吃晚饭。端起碗来还没吃上几口，外面哗哗地下起了雨。雨后，“铺天盖地”的雾又腾腾而至，整个村委会笼罩在一片白茫茫的浓雾之中。这一夜，“铺天盖地”的雾几次进入我的梦乡。我到龚家寨的第一个夜晚便在这“睡雾”中扑腾，到了凌晨3点多钟醒来，便没了睡意，好不容易捱到天亮。起床洗漱后，本打算放眼打量一下龚家寨村的全貌，但被一片白雾给覆盖了。粗暴、不羁、傲慢……这便是龚家寨的雾给我的初次印象。

日子如同画卷，一天天地展开。每天的早晚，不管你欢不欢迎、愿不愿意、喜不喜欢，雾都会如期而至。清晨，当你睁开双眼，雾一定是第一件映入你眼帘的东西。傍晚，当太阳光一点点暗去后，雾便主宰了整个天地。我甚至怀疑，那光就是被雾给遮了，天才变黑的。

我到这里的第七天清晨，雨终于没有下了。我洗漱之后，走出村委会，放眼一看，茫茫白雾笼罩，我顿时感到自己步入一个天地未分的世界。山不见了，路不见了，那路边成片的茶林也不见了，平日里所看到的一切都不见了，只看得见眼前有一层薄薄的细纱在飘飞，不知从何处来，最终飞向何处。此刻，我感觉自己也是雾，和雾一起飘飞，一起升腾，一起翻滚。闭上眼睛，心中一片澄明，忘掉了所有，顿悟一切，仿佛成仙入佛。而那雾夹杂着湿湿的、润润的、略带泥土和草腥味的气息，爬进我的鼻子，挤进我的眼睛，钻进我的耳朵，她们似乎还不甘心，又流进我的血管，渗入我的血液，然后在我身体中流窜。一种释然，一种透彻，一种空旷布满了全身，这一刻，我飞了、飘了、融化了……然后什么也没了，直至几声鸟叫，才把我从飘渺的幻境中拉回到现实。

龚家村的雾，如同少女的手，在我的身上轻轻地揉捏，把我的每一寸肌肤抚摸；如同少女的嘴唇，把我的每一个毛孔进行了吸吮。我醉了，醉在一片白纱裙里，醉在少女的怀里……

从那天起，我喜欢雾，喜欢这少女般的雾。

二、雨

龚家寨的雨，说下就下，绝不含糊，她不给你预兆，你也很难预报。她就像一个性格刚烈却又温柔十足的女人，总会给你一种意想不到的“惊喜”。我到村上的第一天，她便以这种“独特”的方式欢迎我：我刚端起碗来准备吃饭，哗哗的雨便下了起来；饭后，正准备走出村委会院子看看龚家寨的样子，可才走出几步，她又来给你打招呼；即使夜里起床上厕所短短的几分钟里，她也会给你一份“惊喜”。龚家寨的雨，不仅无时无刻会给你“关怀”，而且在你不经意的时候，会给你一份“特别的爱”，细细的、密密的、轻轻的，这种感觉像极了我那年迈的母亲。在我的记忆里，母亲就是一位不服输的女人，父亲在外地工作的二十多年里，她硬是用她小小的肩膀，扛起了整个家，赡养两个老人，抚养四个孩子。在那个“抢工分”的年代，没有让我们饿着、冻着，不得不说这是一种奇迹。我出外工作后，每次离开家的时候，她总是担心我这担心我那；我结婚生子后，每次离开家或者在电话里，她总担心我照顾不好家庭，总是“絮絮叨叨”地叮嘱我要照顾好孩子，照顾好妻子，要注意这样，要注意那样。龚家寨的雨，恰如母亲，刚烈、果敢，但满含无尽的温柔。

三、绿

到龚家寨一周以后，我终于可以一睹龚家寨的全貌。映入眼帘的是一片绿色，漫山遍野，远的、近的，高的、低的，核桃树、油茶树、绿竹林、芭蕉……眼前的美好景色让你目不暇接。这里的绿是那么的自然，那么的协调，那么的一尘不染。一阵清风徐来，你会感到那绿色在跳动，在流淌，在轻轻地翻滚。龚家寨是不刮大风的，似乎风也懂得怜香惜玉，怕弄乱了这幅绿色的画卷。从早晨到傍晚，这种绿就没有停止跳动，让你真正感到一种永不止息的生命力。晴天，绿色扑面而来，雨后，群山满是碧玉般的姿色，让你睁开眼睛就不愿意闭上，生怕一闭眼就错过这一切。在这种绿色的环抱中，你不会烦躁，也烦躁不起来，你会感到一种从未有过的平静，那种远离喧嚣和低俗的内心的平静，继而宁静。这种绿，是可以用眼睛看得到，用鼻子闻得到，用耳朵听得到，用肌肤感受得到，让你在夜里睡得踏实的那种绿。这种绿，是一种会述说会吟唱的语言。

我听朋友说起过有一种翡翠叫“祖母绿”，温润、剔透、恬静、舒适、安详、典雅、高贵。我想，龚家寨的绿，应该就是祖母绿，是纯天然、不加任何粉饰、绝不做作的绿。

四、人

入户工作最怕三件事：跳蚤、恶犬、不理解，但我的入户工作却不是这样的。跳蚤我没遇到过，因为我入驻的岔河组已经实现整体易地搬迁，村民已经住进新建的楼房，十分重视卫生环境，加之我带着秘密武器——樟脑丸，跳蚤也就没有了。狗自然是有的，在农村没有狗，就少了一个忠诚的卫士。在你进村民的家门前，主人已经大老远就把狗给吆喝走了。作为一名农村长大的孩子，我自然知道对付狗的三要诀：一棍、一蹲、防屁股。说到狗，我同事廖老师入户就被狗咬过一次，狗主人说什么也要付狂犬疫苗费用，但是廖老师坚持自己付钱，把账结了。于是，狗主人每到注射疫苗的日子（狂犬疫苗需间隔注射5针，而从我们所驻的村到乡卫生院有近30公里的路程），便早早地骑摩托车来村上拉廖老师去打针。5针打完后，还专门请我们几个驻村队员到他家里吃饭，以示“赔礼道歉”。当然，那只咬人的狗也早已被处理掉了。

龚家寨的村民放羊后回家特别晚，有好几户人家每天放羊都要从我们的驻地前经过，羊脖子上的铃铛声自然成了一首百听不厌的乐曲。有好几次，已是晚间10点多，我还听见铃铛的声音。大多数时间，他们放羊归来时都要背上一捆猪食草。此时，你完全可以想象出一副美妙的画面：羊群、放牧人以及身后的牧羊犬、夕阳、悦耳的脖铃声……

我入户不怕跳蚤和恶犬，但我怕村民，不是怕村民的不理解和不欢迎，而是怕村民太热情。一进到村民家里，他们又是倒酒（就像四川、湖南、贵州人爱吃辣子一样，龚家寨很多的村民都会自己酿酒，也爱喝酒，这是源于改造和适应自然的需要，因为龚家寨雨水多，湿度大，酒便成了抵抗湿气的最好选择；同时酒也带给了他们对生活的快乐），又是倒茶（龚家寨的茶叶也很多很生态），有什么好吃的统统拿出来：酸哆依、猪咧、火烧苞谷……甚至在你刚在火塘边落座聊天的短短几分钟时间里就杀鸡来招待你。在他们的心里，你就是尊贵的客人。这就是龚家寨的人，他们勤劳、淳朴、善良、热情……我想，这也是由于云南农业职业技术学院在多年扶贫工作中与当地群众建立了深厚感情所致。

这就是龚家寨给我的初印象。

（罗勇）

原来你这么美

龚家寨村组风貌

◆图5　远眺龚家寨村（龚家寨组、陶家寨组、扎发组）

◆图6　岔河组

◆图7　俯瞰黄地基组

◆图8　俯瞰户南组（新寨）

◆图9　仰视户南组（老寨）

◆图10　那卡爬组

◆图11　远眺龚家寨村委会新建的办公楼

◆图12　村卫生室

◆图13 龚家寨小学

◆图14 户南小学操场

龚家寨村的产业图景

◆图15　古茶树

◆图16　烤烟地

◆图17　村民放山猪、羊、鸡

◆图18　竹编

龚家寨村民俗风貌

◆图19　火塘

◆图20　婚宴

◆图21　乡村大餐

龚家寨村气候景象

◆图22　雨后道路

◆图23　雨前云雾

◆图24　雨后云雾

◆图25　龚家寨村冬季的傍晚

我们一起努力

校领导下村

◆图26 校党委书记崔金赋看望挂钩亲家

◆图27 校长文俊看望挂钩亲家

◆图28　校纪委书记冯志宏入户了解物资发放情况

◆图29　校党（院、扶贫）办主任金吉斌看望挂钩亲家

◆图30 副校长赵鸿阳看望挂钩亲家

◆图31 副校长杨波查看挂钩亲家新房建设情况

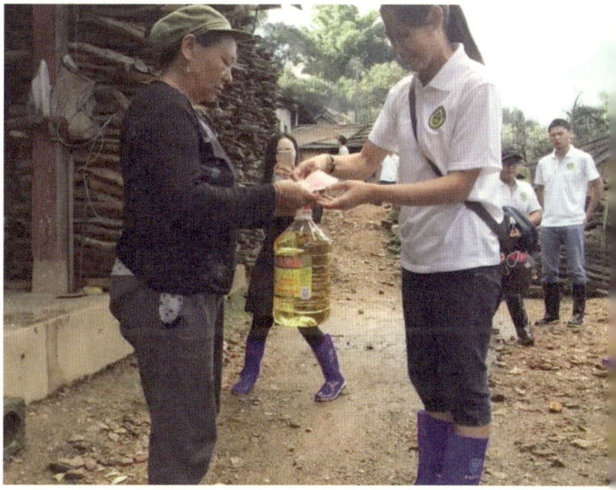

◆图32 校思政科研部主任张英为贫困户递送慰问金和慰问品

◆图33　校党委原副书记季佳元看望挂钩亲家

◆图34　原校长李永忠看望挂钩亲家

◆图35　原副校长何明东看望挂钩亲家

◆图36 原副校长俞浩为龚家寨拉祜族村民传授养殖技术

◆图37 校党委原副书记赵刚看望挂钩亲家

◆图38 学校首批驻村工作队员及部分中层领导集中学习

◆图39 龚家寨村委会召开扶贫工作座谈交流会

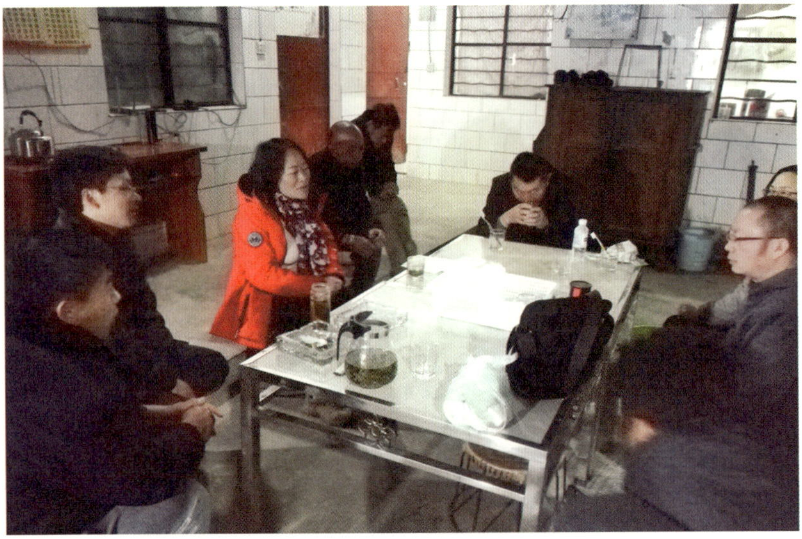

◆图40 校机关党总支部在村里开展“双联系一共建”党建工作

◆图41　学校驻村扶贫工作队党支部组织生活会

◆图42　学校农业技术专家在龚家寨田间地头传授技术

驻村工作队风采

◆图43 黄富金在龚家寨小学开展“三下乡”活动

◆图44 赵筱入户登记

◆图45 盛鹏为村民发放荞籽

◆图46 谭淑文为村民讲授烤烟栽培技术

◆图47 陈百丽在田间了解烤烟生产情况

◆图48 何桥给村民上技能培训课

◆图49 蔡东在烤烟地里施肥

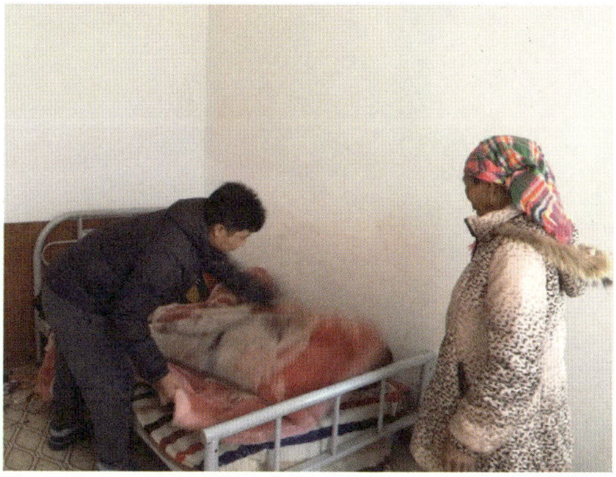

◆图50 刘庆欣教村民折被子

◆图51 赵梓敬搬运建盖鸡舍的空心砖

◆图52　廖承菌清理排水沟里的淤泥

◆图53　白焌在茶地里劳动

◆图54　罗勇入户了解农户家庭经济情况

◆图55　耿马县副县长唐青华入户走访

◆图56　罗红书入户走访

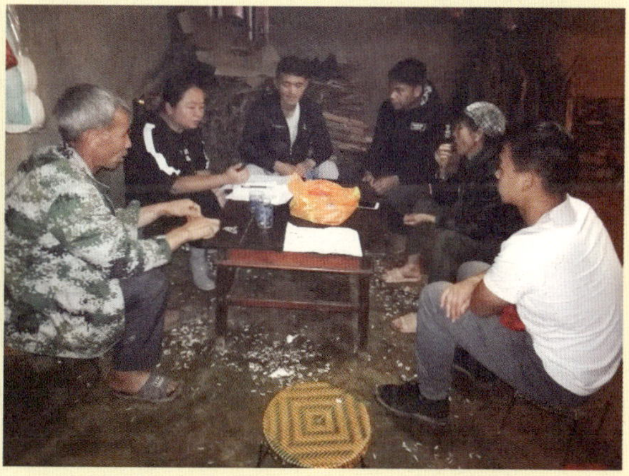

◆图57　王琼召开村组干部会

◆图58　王贵斌为户南小学生上音乐课

◆图59　段晓华入户登记

◆图60　金鑫登上龚家寨村最高峰

◆图61　驻村工作队搬运物资

◆图62　驻村工作队安装太阳能路灯

◆图63　驻村工作队清理道路上的淤泥

◆图64　“狭路相逢”

◆图65　乡间垂钓

龚家寨村产业发展

◆图66　龚家寨茶叶合作社的挂牌

◆图67　大兴乡龚家寨村委会生态养猪、火腿加工厂（沪滇合作项目）

◆图68　耿马大兴博业养殖专业合作社（龚家寨大学生龚钦华回村创业项目）

驻村队员

黄富金
2015.9–2018.2

赵　筱
2015.9–2017.2

盛　鹏
2015.9–2018.2

陈百丽
2016.2–2017.2

谭淑文
2016.2–2018.2

何　桥
2017.3–2019.7

赵梓敬
2017.3–2019.3

蔡　东
2018.3–

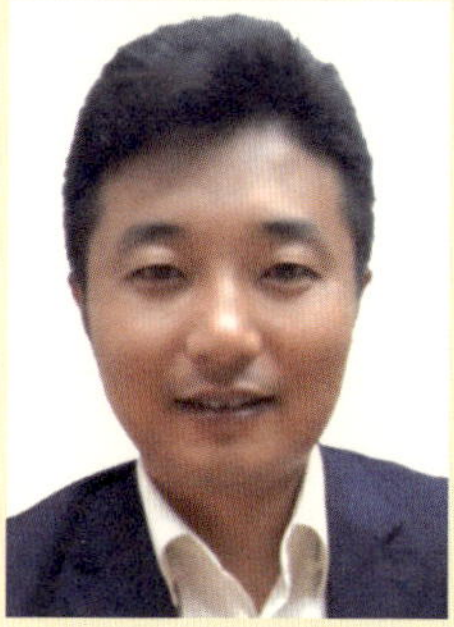

刘庆欣
2018.3–

廖承菌
2018.3–

白　焌
2019.3–

罗　勇
2019.7–

◆图69　云南农业职业技术学院历任扶贫工作队员

十二时辰

自2015年云南农业职业技术学院与临沧市耿马傣族佤族自治县建立结对帮扶关系后，院领导、数名中层干部和工作队员就在这条路上来回往返，从“我是我，你是你”，到现在“我就是你，你就是我”……

子时（23:00–1:00）

“到岔河组入户走访7户人家。建档立卡户王土余家有4口人，其中缅籍1人，无小孩，无重病，无残疾。王土余家已吃穿不愁，有土木结构房屋一栋，享受国家四类政策新盖房屋一栋；养着三窝野蜂、43只羊、20只鸡、17头毛驴，预计2019年年收入超万元。有可持续的收入来源，返贫风险低。一家人中王土余的母亲李壮兰的群众工作最难做，需要把举证材料做成铁证。她是兰支书的姨妈，下次要叫上他一起……”何桥在日志中记录他这一天的工作。

丑时（1:00–3:00）

已入眠的队员蔡东在梦中还想着白天的事。“下午同村干部一起，入户走访了平时很难遇上的3户人家，好不容易将数据统计到，想着晚饭后赶紧将数据录入国办系统，结果村委会办公室后墙塌方了，玻璃、沙石飞溅滚落到电脑桌上……”蔡东从梦中惊醒。

寅时（3:00–5:00）

队员廖承菌辗转难眠，想起白天老婆打电话来说：“最近工作上事情比较多，女儿又支气管发炎，反复高烧，最高体温38.3度。自己不会开车，又住在小哨，远离城区，半夜只有找哥哥来帮忙将女儿送到医院……”虽然嘴上安慰了老婆，但是他心里始终萦绕着某种说不清道不明的歉疚。

卯时（5:00—7:00）

旭日初升，晨风徐徐，山雾缭绕。队员赵梓敬已经醒来，洗漱完毕后，坚持每天长跑4公里。回来后他推开伙房，给坚守在村里的4名队员准备早餐。想到工作队员和村两委今天要分头到负责的村组帮助家中没有劳动力的贫困户整理院落和打扫卫生，提升人居环境，他把剩余的两把挂面倒进了锅里……

辰时（7:00—9:00）

两名队员身着工作服，带上走访农户的记录表，前往分片包组责任户走访。

巳时（9:00—11:00）

队员刘庆欣搭上了从耿马县到大兴乡的中巴车。从昆明到龚家寨600多公里的路，却要走两天。路程分三段：昆明到耿马县，耿马县到大兴乡，大兴乡到龚家寨。

午时（11:00—13:00）

龚家寨村阳光明媚，这个和谐宁静的村落汇集了城里人对美丽乡村的一切幻象。谁曾想到，3年前龚家寨村的交通道路差，道路为泥土路；居住条件差，房屋多为土基房；医疗卫生条件差，全村仅有一间卫生室，医用药械严重匮乏；产业结构单一，主要以农业为主……

未时（13:00—15:00）

村委会综治员李火生在打扫村委会办公场所、院落和党员活动室。“现在日子越来越好了，今天又产下一头小牛。儿子和儿媳在你们学院参加畜牧兽医技术培训，昨晚给我打电话说，你们老师很负责、很专业，学会好多东西，谢谢你们的帮助！”李火生跟队员笑着说，“你们工作队帮我们做了好多事，教我们好些不懂的东西，整个大兴乡都羡慕我们有那么好的挂包单位和工作队。”

申时（15:00—17:00）

龚家寨组村民李兆发来到村委会，把自己的身份证、银行卡号交给工作队员，以便登记养老保险和发放临时救助补贴。看到他，工作队和村两委都很激动。这个头发花白、皮肤黝黑的中年男人，曾经是那卡爬组的小学老师。因为嗜酒，过去谈了几个对象都黄了……

“刚去他家的时候，总是宣泄情绪和发火。但因为知道他的情况，虽然生气，也由着他说。去了四五次的时候，他开始给我们看他家的土地证、林权证，当年教书的记录纸。”再后来，经过工作队和村两委跟他妹夫做工作，同意找人帮介绍工作到广东打工。

酉时（17:00—19:00）

5名队员齐聚龚家寨村委会，分享起每个人这一天的感受。

“我最大的感受就是，这儿很好，民风淳朴，夜不闭户，路不拾遗。”

“找出致贫原因，落实帮扶计划和措施，确保单位挂包户不要出现返贫风险。”

“前天的暴雨把扎发组农户种的烤烟打坏了，明天让乡上产业办和保险公司进来评估下损失。”

“我们这边有个村民李辉明对未列入建档立卡户一直保留意见，我们也听了同组村民意见，回头再去他家耐心解释下政策吧。”

“迎检工作重点要围绕‘两不愁，三保障’开展，不要降低，也不能人为拔高，否则工作没法推进。大家觉得是吧？”

“明早不下雨再去看看熊云顺家厨房漏雨的事。”

……

戌时（19:00—21:00）

落日余晖褪去霞光后，龚家寨村沉浸在浪漫的夜色里。在阵阵蝉鸣声中，由285盏太阳能路灯组成的照亮工程发挥了它的巨大效用，照亮了4.25公里的路，温暖了村民的心，抚平了工作队员离家的愁思。

亥时（21:00—23:00）

在这个面积35.28平方公里的村落里，传唱着无数令人感动的扶贫故事。

“一看房，二看元，三看人”；“给钱给物，不如建个好支部”。

两年过去了，新老队员口中，还念叨着云南农业职业技术学院驻龚家寨村第一任队长黄富金留下的工作思路。

因为山体滑坡，村主任李国芬家的房子、院落已经出现裂缝，根据山体滑坡情况，后面还会向更糟糕的方向发展，但李国芬属于村两委班子成员，所以不享受任何扶贫政策优惠。尽管如此，李国芬还是跟兰支书商量，两人尽量错开家务时间，不要耽误脱贫攻坚工作……

每一个24小时，都有云南农业职业技术学院的驻村扶贫工作队员坚守在龚家寨村。他们是：

黄富金、盛　鹏、赵　筱、谭淑文、陈百丽
黄富金、何　桥、盛　鹏、谭淑文、赵梓敬
何　桥、赵梓敬、蔡　东、刘庆欣、廖承菌
何　桥、蔡　东、刘庆欣、廖承菌、白　焌
蔡　东、刘庆欣、廖承菌、白　焌、罗　勇

（何桥、廖承菌）

数说龚家寨村

龚家寨村地处云南省西南边陲，隶属临沧市耿马傣族佤族自治县大兴乡，它是大兴乡下辖的六个行政村之一，与临沧的南美乡、双江的冰岛村接壤。龚家寨村虽然处于海拔1450～2980米的高寒冷凉山区，但是这里年降雨量充沛，年平均降雨量在1600毫米以上。龚家村年平均气温19.9℃，但年温差较大，最高气温35.8℃，最低气温5℃。

龚家寨村是拉祜族聚居地之一，下辖7个村组。其中，龚家寨组、陶家寨组、扎发寨组、黄地基组、岔河组5个村组以汉族人口为主，拉祜族群众主要居住在那卡爬组和户南组2个村组。龚家寨村所辖区域面积35.28平方公里，截至2019年底，常住农户353户，人口1300多人。其中，青壮年劳动力有800多人，常年外出务工劳动力有200多人。

龚家寨村是一个典型的高寒贫困山区农业村，主要种植的农作物有玉米、烤烟、苦荞、土豆等，主要养殖的畜禽有猪、鸡、羊、牛。其中茶叶、烤烟、核桃是龚家村的支柱产业。

2014年，全村贫困人口216户864人，贫困发生率为73.3%，低保户与贫困户重合82户167人。

2014年按照“一高三优先”的标准退出了59户249人。

2015年按照“八有四无，一超，一受益”的标准退出了27户104人。

2016年按照贫困人口退出的6条标准退出了27户105人。

2017年按照“两不愁，三保障”的标准退出了96户381人。

2018年按照“两不愁，三保障”的标准退出了7户25人。

2019年按照“两不愁，三保障”的标准退出了8户27人。

2019年11月龚家寨村经耿马县扶贫开发领导小组确认并公告如期完成整村脱贫出列。

2018年12月13—17日，临沧市耿马县迎接国家第三方专项评估检查，以零错评、零漏评、零错退、高质量的评估结果通过了验收。

2019年4月30日，包括临沧市耿马县在内的云南33个贫困县（市、区）达到脱贫标准，成功退出贫困序列。

2019年7月11—15日临沧市耿马县再次迎接国家贫困县退出抽查复核工作，再一次以“零错评、零漏评、零错退”的评估结果高质量地通过了抽检。

脱贫攻坚的道路并非一帆风顺，在此期间有少数农户脱贫后又返贫的情况。经过持续的努力，到2019年底，龚家寨村218户贫困户均达到“两不愁、三保障”的标准，全部脱贫出列。

（赵衡、兰松强、李国芬、廖承菌）

第二篇

驻村趣闻

这次找到火镰，仿佛让我们回到了久远的过去。毫无疑问，找火镰的过程，给我们上了一堂生动的历史课，让我们增加了一次难得的生活体验。

怀抱大萝卜

一天上午，有一个伙子骑着摩托车驶入龚家寨村委会的院子中停了下来，只见伙子身后的座位上放着一捆蔬菜，我好奇地上前一看，顿时大吃一惊，同时不由自主地喊道：“哇，这么大的萝卜！咋种出来的呀？”

◆图70　怀抱大萝卜

“这是哪家种的萝卜？”我又补充问了一句。

“这是周大七家种的，他家地里还有比这个更大的。”骑车的伙子回答道。

◆图71　大萝卜的长度

◆图72　大萝卜最粗部位的直径

◆图73　大萝卜最粗部位的周长

“这么大的萝卜是怎么种出来的？会不会打了膨大剂？”它让我想起社会上的一些传言，我疑惑地说。“不过，给萝卜打膨大剂好像也没有价值呀！”

“应该不会，都是种给自己吃的。”骑车的伙子说道。

一天上午，我专门抽空去到农户周大七家，实地看了他家地里种的萝卜，确实大部分萝卜都非常大。我在周大七家找了一个皮尺，随手选了一个长在地里的萝卜量了一下，长50厘米，最粗部位的直径20厘米、周长70厘米。同时我还在地里拔了个大小适中的萝卜称重，重量有5.95公斤。

◆图74　给大萝卜称重

大萝卜味道怎么样呢？好不好吃呢？周大七将称重后的萝卜送给了我，我把萝卜带到了村委会。过了一阵，不知是谁把萝卜切了一半，等我看到时已被大家吃得所剩无几了。我尝了尝切块的萝卜，口感微甜，不辣，汁多，清脆，有淡淡的萝卜味。

为什么萝卜会长这么大呢？这个问题一直让我疑惑不解。我和农户周大七就萝卜种植问题讨论了许多次。周大七觉得萝卜之所以长得这么大，除了与萝卜的品种有关外，还有三个主要因素：一是砂质土壤，二是降雨充足，三是施用了鸡粪。

◆图75　大萝卜被切块

我把这个萝卜的图片发给我父亲看，他说他活了几十岁，还是头一次见。

（廖承菌）

树桶蜂蜜

◆图76　刚加工出来的蜂桶

◆图77　放置在树下的蜂桶

吃过晚饭后，我与驻村工作队员赵梓敬和耿马职中的段晓华老师到村委会附近的农户家溜达了一圈。在一个农户家的院子里，看到一个竖直摆放的已经被凿空了的一截树桩。

“这是干什么用的？”我疑惑地问身边的同事。

“这个是用来养蜂的，就是村民养蜂用的蜂箱。”小赵说道，“这和我们之前看到的蜂箱不一样，当地村民善于就地取材。”

“哦！这个有意思，我还是第一次见到。”我惊讶地回答道。

“嘿嘿，我也是来这里扶贫才见到。”小赵回应道。

之后在走村入户的过程中，经常能在农户家的房檐下、石坎边，树林里见到这样的树桶。被凿空的树桶横趟着，两端用泥土密封，树桶中间开了孔，便于蜜蜂进出木桶。

◆图78 树桶中的蜂盘

◆图79 刚取出的蜂盘

◆图80 保存一定时间的蜂盘

在养殖一段时间后，村民就敲掉密封在树桶两端的泥土，取出蜂盘。当地村民一般不会将蜂蜜刻意沥出来，而是直接将蜂盘放在碗里，直接食用，或者存放在密闭容器里保存。据村民说，取蜂蜜通常要在天气晴朗的时候进行，因为天气晴朗的时候，蜜蜂多半出去采花粉了，留在桶内的蜜蜂较少，比较好驱赶，方便取出蜂盘。取蜂蜜时，每次不能取尽，需要留下一点蜂盘及蜂蜜，以供蜜蜂食用，留住蜜蜂。然后再次用泥土密封树桶两端，这样可以招回蜜蜂，持续地获取蜂蜜。村民说一个树桶用上10年不成问题。

在当地除了树桶蜂蜜，还有岩蜂蜜和树挂蜂蜜。岩蜂蜜简称岩蜜，大多取自于悬崖上的蜂窝，口感不如普通的蜂蜜，但听说有较好的药用价值。另一种原生态的树挂蜂蜜简称叫小挂蜜。小挂蜂通常在当地河谷地带的树杈上做窝，蜂盘包裹树枝，蜂盘上的六边形蜂窝更小。小挂蜜味道倒与树桶蜂蜜没有多少差别，但因蜡质更紧实，能获得更好的咀嚼体验。据给我品尝小挂蜜的村民说，小挂蜜一般只在每年的3～4月和10～11月间才能采到。这种蜂蜜太少，很不容易碰到，能吃到，靠的是机缘。后来回想起来，我也只吃到过一次，真的令人难以忘怀！

（廖承菌、赵梓敬、段晓华）

二月八

2018年3月24日（农历二月初八）下午，我受村民邀请，去到离村委会不远的村民家过他们的二月八（节）。去之前，我在村委会附近的小店里购买了两瓶酒、两瓶饮料和两包烟。

当我来到村民家之后，村民便开始宰鸡。我一看到这种情形，以为是专门为了招待我才宰鸡的，马上上前制止。

“不用宰了，你们留着自己慢慢吃。”我急忙劝道。

“廖老师，我们这里过节都要宰鸡的，还要你多等一下嘎，”村民客气说道，“你先喝着水。”

“没事，没事，不着急，平时吃饭也晚。”我急忙回答道。

村民自己宰鸡，手脚特别麻利，从捉鸡到鸡肉下锅大概10分钟的时间。

“慢慢煮，不着急，多煮一下。”看到村民把整只鸡放到锅里煮，我说道。

没过多久，村民便把整只鸡从锅里拎了出来。

◆图81　祭拜的鸡

“这只鸡就煮熟了吗？”我怀疑地问道。

“我们这儿过节宰鸡，吃之前要……”村民说着，又顿了一下，好像不便说。

其实村民说了一大串话，我并没有听懂，他大概说想要先做个啥，然后再做个啥，我

◆图82 在神坛前祭拜

◆图83 在堂屋门前祭拜

只好“嗯嗯……”地做回应，表示我在听他讲话。

只见村民把取出的鸡肉装在碗里，然后放到竹篮中，又急忙倒了一杯酒和一杯茶放到竹篮中，最后在鸡身上插了双筷子，便匆忙走出了家门。

征得了村民的同意后，我便随着村民来到屋外不远处的山坡上。村民将祭祀的篮子放下后，点了几炷香，分别向三个方向跪地磕了三个头，并将茶水和白酒洒在地上献祭。

仪式完后我们返回到村民家中。村民取了两个杯子，第二次倒上酒和茶水后，然后来到堂屋门口，将酒和茶水放置在门槛上，朝着堂屋里面跪拜。

跪拜之后又来到厨房。村民第三次取了两个杯子，分别倒上酒和茶水后，将酒和茶水放置在炉灶上，对着灶台进行跪拜，他们把这叫做跪拜灶神。

◆图84　祭拜灶神

接下来，整只鸡被村民做了分割，鸡脚和鸡头装在一起，内脏装在一起，从鸡腿和腹部之间取了两块肉装在一起，她再次来到堂屋前进行跪拜，酒和茶水则放在门槛上，饭菜放在堂屋的桌子上，同时，还摆了一碗清水。

◆图85　在堂屋内祭拜

之后，村民把在堂屋里献祭的饭菜一一端到门外，放在堂屋门外的地面上，已经准备好的倒扣在簸箕上。村民先把酒和茶水泼洒到地上，再从三个碗里各取了一些饭和菜放到盛水的那只碗里。最后村民端起那只碗出了门，走到家附近的水沟边，将碗里的饭菜和水一起泼洒出去。他们把这叫泼水饭。

经过一番祭祀仪式后，鸡再次被放入锅中煮，并作为节日的一道硬菜。到此，我总算明白了鸡为什么没有煮多久就被拎出来的原因。

◆图86　准备泼水饭

◆图87　二月八美食

晚饭很丰盛，除准备了鸡肉外，还准备了腊肉、芋头煮石头菜、煎鸡蛋、咸菜等农家特有的菜品。

据村民讲，不仅“二月八”节要这样做，每逢过节都会宰鸡，要搞祭祀仪式。但搞这些祭祀仪式是为什么，他们不知道、也说不清，只因为老辈人这样做了，他们也就跟着这样做。尽管各家各户祭祀仪式不尽相同，但相同的是，这已经成为他们的共同习俗。

（廖承菌）

“丫”字梯

一天下午，我忙完了手上的工作，邀约了同事段晓华去户南老寨考察。我骑着摩托车带上段晓华来到龚家寨村委会下辖的拉祜族聚居村寨——户南老寨，主要目的是为了了解一下拉祜族传统的住宅风貌。在进入拉祜族农户家时，一根树杈引发了我们的好奇心，也让我们对它的用途进行了长时间的讨论。

这根斜放着的树杈是用来干什么的呢？我开始猜测它是用来防止野猪、黑熊攻击的武器，因为我刚到村里就听村民说过这个地方森林茂密，曾发生过野猪、黑熊伤人的事件。但树杈的三个尖端都不尖锐，做得比较齐整，不像是武器。小段认为它是支撑横梁用的，因为他看到有农户用类似的树杈支撑房屋的横梁，但一根横梁至少要用两根树杈去支撑，关键的问题是这个树杈与支撑横梁的树杈还有点不一样，树杈上还有用刀“砍”出的“坎”痕。讨论了半天，谁也不能说服谁，只好各持己见，另寻答案。

当晚回到村委会后，我们把在户南老寨拍的照片复制到电脑里时，被称为拉祜族“王子”的村委会副主任罗二八出现在了我们身后。

“拍得好嘛，这些是在户南老寨拍的。”二八弯着腰在我们背后轻声地说道。

“二八，知道这个是什么吗？”我指着图片中的树杈问道。

“哦……这个……是梯子呀！梯子。”二八嘿嘿地笑道。

“二八，你又在开玩笑！”小段转身疑惑地看着二八说道。

“梯子……梯子。”二八确切地说道。

“这个如果是梯子，怎么爬呢？”我们疑惑地问了二八。

“可以爬呢，树杈靠在墙上，另一端落在地上，踩在树杈的‘坎坎’上就可以爬上爬下了……”罗二八边说边用手比划着，生怕我们听不懂。

“不用手扶着吗？”我们接着问罗二八。

“稳呢……有三个点……”罗二八伸出了食指、中指和大母指比划着树杈的形状说道。

听他这么一说，大家都觉得挺有道理的，但没有完全相信。因为从他口中一说出“梯子”两字时，便彻彻底底地颠覆了我们从小对梯子这一概念的认知。

鉴于这个梯子的特殊结构和造型，我们给它取名为“丫”字梯。

◆图88 “丫”字梯

过了一段时间，我和村民李福志再次来到户南老寨，去了二八家，亲自爬了一下他家的“丫”字梯。虽然“丫”字梯上的“坎坎”很小，但确实不影响上下梯子时身体的平衡，而且制作简单、小巧，方便搬动，不失梯子的功能，这充分体现了村民的智慧。在后来入户工作中，经常见到这样的梯子。除了“丫”字梯，还有用一根木头制作的“1”字梯。

（廖承菌、段晓华、赵梓敬）

拉祜族吊脚楼

◆图89　拉祜族老寨村落风貌

◆图90　拉祜族老寨房屋外部风貌

一天下午，我骑着摩托车带着段晓华又来到户南老寨，对拉祜族传统住宅风貌进行考察。从山下往山上望去，拉祜族民居位于大山的半山腰处。当你往上看时，首先映入你眼帘的是高高的吊脚，其次才看到“摆在”吊脚上的房屋，这让我联想起云南西双版纳橄榄坝、湖南湘西、贵州苗寨的吊脚楼。虽然都是吊脚楼，但各有各的特点。我把龚家寨村拉祜族的吊脚楼命名为“拉祜吊脚楼”，小段点头表示同意。

拉祜族传统民居建筑为竹木结构，分上下两层，建筑上层用来住人，建筑下层一般用来供牲畜避雨遮阳，而非用于饲养牲畜。房屋框架由木头搭建而成，木头与木头之间多由藤条缠绕链接和榫卯链接，房屋四周的维护结构主要由竹子或茅草编制而成。过去屋顶是由木片或茅草搭建的，但现在已很难找到了，现今的屋顶多采用石棉瓦搭建。

◆图91 拉祜族民居建筑内部风貌（一）

◆图92 拉祜族民居建筑内部风貌（二）

拉祜族传统民居建筑上层通常由两间房屋构成。打开入户门，首先看到第一间房间。第一间房间主要用于摆放农具、晾晒衣物，它的功能相当于现代住宅的杂物间和阳台的功能。

穿过第一间房间，便来到第二间房间。第二间房间中间的地面上设有火塘、碗柜，床铺环绕着火塘布置。这间屋子具备了做饭、睡觉、交流等功能，集现代住宅的厨房、饭厅、卧室和客厅功能为于体。

◆图93　在拉祜族老宅就寝（一）

◆图94　在拉祜族老宅就寝（二）

由于户南被纳入易地扶贫搬迁范围，因此，老寨竹木结构的房屋不久将会被拆除。为了进一步了解拉祜族传统民居，没过多久，我约了村民李福志一同骑摩托去到户南老寨，专门住在“拉祜吊脚楼”体验一次。

当晚11点多钟，我和李福志来到二八家的“拉祜吊脚楼”就寝。二八的媳妇给我们在火塘两边布置了床铺，还给我们生了堆柴火。“拉祜吊脚楼”都是竹木结构的，它特有的墙体空隙，让木材燃烧的烟气容易向四周扩散，特别当人躺下后，既感觉不到柴火强烈的烘烤，也感觉不到呛人的烟气。当晚月亮特别明亮，月光透过墙面洒进屋内，十分浪漫。入睡前能听到虫叫声、狗叫声、猪叫声等声音。到了黎明时分虫叫声、狗叫声、猪叫声、风声此起彼伏。猪仔在房屋下面的柱子上擦痒引起的震动，即使人们睡着了也会被弄醒。由于房屋具有良好的透气性，室内外空气对流充分，感觉比睡在砖混房屋里更舒服。

随着户南易地扶贫搬迁项目的完工，拉祜族村民陆续住进了政府出资建盖的砖混结构住宅里，老寨“拉祜吊脚楼”将在不久后被拆除。我和李福志在“拉祜吊脚楼”民居住了一晚，感受了一番，可以说是沾了脱贫攻坚工作的福气，太幸运了。后来我将此事告诉我的同学和朋友，他们都羡慕得不得了。

（廖承菌、赵梓敬、段晓华、李福志）

找到火镰了

一个天气晴朗的下午，我去村民周大七家找他商量搭建鸡舍用地的事情。因为他家有一块还没有考虑好种植什么庄稼的地，地里长满了杂草和黄色小花。我俩站在地边上聊了起来。

“我印象中这些小黄花可以用来做粑粑。”我对他说道。

“是的，可以呢，这个我们叫火草。”周大七回应道。

“火草？”我疑惑地反问道，因为我一时很难将名字与实物联系起来。

“过去人们就是用这种黄花的叶子取火的，现在也还有人在用，我们叫火草。”周大七介绍道，“有了火草，还要用火镰，才能生火。”

“火镰？火镰是什么？”我不懂地问道。

“火镰是用铁打出来的，形状像耳朵一样。把火草压在石头上，用火镰快速打火石，碰撞出的火星就会点燃火草，然后吹一下火星，火就一点点变大，通过细小的干柴就可以把一堆干柴引燃了。”周大七蹲在地上，边介绍边比划着。

“我能看一下这个火镰吗？”我好奇地问道。

“等我找找，估计家里已经没有了，不过还有人家有这个东西。”周大七答道。

“好的，我还没见过这个火镰，更没有见过火镰是如何取火的，有机会一定要见识一下火镰取火。”我边回答边想，曾听说过钻木取火的故事。

时隔一个多月，在入户调查过程中，龚家寨组的村民罗那布告诉我她是拉祜族。她的年龄看起来有60岁左右，这让我想起村委会副主任罗二八说过的话：“要想找到火镰，一般要到拉祜族村民家去找，特别是60岁左右的村民家。”这正好是个机会，我便向罗那布提起了火镰的

◆图95　火镰、火草、火石

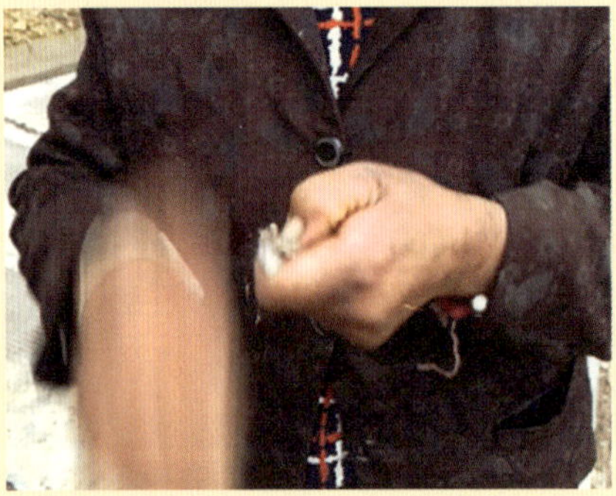

◆图96　村民在示范用火镰取火

事，她立刻答应为我找一找。2个多小时后，我们走访了其他农户家。回到村委会附近时，她正好将找到的火镰送到了村委会门口。

罗那布从衣服口袋里掏出了一包东西，这包东西被塑料袋包裹着。她小心翼翼地打开袋子，取出了一个布满锈迹的金属器具后，告诉我们，这个就是火镰了。接着又掏出一块石头。在掏出一坨棉花似的东西时，她说这个就是火草，并演示给我们看火镰是如何取火的。

只见她取出少量的火草，用手指压在石头边缘，用火镰快速地打击（擦）石头边缘。打击的一刹那我们都看到部分火星子已经飞溅到火草上。她说，可能因为搁置的时间久了点，火草有些受潮，难以燃烧。不过这已经满足了我们的好奇心了。

随着火柴和打火机等取火工具的问世，火镰逐渐淡出了人们的视线。别说见过火镰的人，就是听说过火镰的人恐怕也不多了。但它作为人类采集火种的一个重要工具，其历史性作用是不容质疑的。

这次找到火镰，仿佛让我们回到了久远的过去。毫无疑问，找火镰的过程，给我们上了一堂生动的历史课，让我们增加了一次难得的生活体验。

（廖承菌、赵梓敬、王琼）

第三篇

驻村调查

龚家寨村民『一酒、二茶、三开水』的待客方式彰显着他们的热情淳朴，这个滇之一隅的小山村让我倍感温暖。希望龚家寨这个山清水秀的小村子越来越好，一起奔入小康社会。

驻村三月

云南农业职业技术学院党委积极响应以习近平同志为核心的党中央的号召，自2015年9月起从学校多批次选派扶贫工作队员，到耿马县大兴乡龚家寨村驻村参加脱贫攻坚工作。

2018年2月23日下午，我接到学校组织部电话，学校选派我到耿马县大兴乡龚家寨村参加为期不少于两年的驻村扶贫工作。这次新选派的驻村队员有3人，加上2名老队员，一共5名驻村队员。去之前，学校党委书记等领导班子成员还专门为我们5人送行。

在600多公里的行程中，看到最多的莫过于道路的崎岖与道路两侧的滑坡。他们说："龚家寨村所在的大兴乡乡长2017年7月份左右就牺牲在乡村道路上。学校选派的前任驻村书记2017年11月左右也是在同样的乡村道路上为避让反向来车而冲下山坡的，好在有惊无险，安然无恙。"

可能因为近来天气晴朗，一路上没有遇到滑坡的情况，但崎岖的盘山路令我大开眼界。山路的蜿蜒曲折，即使用"山路十八弯"一词也难以形容。与我们在同一道路上行驶的前方车辆前排座位上的一个乘客因晕车呕吐不止，在行驶不到一半的崎岖山路上已停车好几次，每次停下来休息一会儿后又继续上路。

4月份，龚家寨村进入雨季，在通往寨子的道路两旁，隔不了几天，就会发生山体滑坡，轻微的折损几棵茶树，严重的掩埋了道路。在山体滑坡多发期间，我们先后参与了几起救援工作，帮助村民的车辆从泥泞中脱困，同时参与了道路边沟落石泥土的清理工作。发生特别严重的情况是，一家房子盖在公路边的村民，因为房屋所在的山体地质不稳，居然整体下滑，房子和院子出现了多条裂痕，裂痕都足以塞入脚掌。为此，我们为其在附近搭建了临时帐篷。最难忘的一次要数六月初的一天。大约下午六点，只听到轰隆一声巨响，龚家寨村委会办公楼后面的挡墙突然坍塌，村委会一楼后墙被冲破，泥土冲进室内，一楼办公室几乎被掩埋。幸好坍塌发生在下午开饭时间，大家都在院子里准备吃饭，所以没有人员受伤。

一次又一次的自然灾害，引起了我们对龚家寨当地自然环境的特别关注。龚家寨地处高寒冷山区，植被茂密，自然环境相当不错，为什么一下雨，山体就频频滑坡呢？在走村入户调查时，村民的一句话引起了我的思考，村民说："在我们这个地方生态环境非常好，种什么都能种，但是种什么都很难种得好。"后来，也有回乡的大学生以及村委会同志说起自家种的玉米，虽然肥料投入多，但收获少。据后来进一步观察并向耿马县土肥站、临沧市土肥站求证，他们根据该地区大量取样测试结果分析，认为龚家寨村的土壤确实不同程度地存在漏肥的情况。事实上，不难观察到这样的现象，在雨季，不单单泥土会流失，往往树木连根带土一起滑落。

从总体看，龚家寨村特有的高寒山区立体气候适宜多种作物生长，但土壤沙化漏肥现象会导致农作物难以茁壮生长，严重的会减产减收，极大地制约了当地农业生产的发展。

一、龚家寨村的生态环境

来到龚家寨驻村工作大概一周左右，开始越发觉得这里的自然环境十分宜人，于是与一位酷爱运动的老队员做出一同晨跑的决定。晨跑的目的，一是为了锻炼身体，二是不想错过这里的美丽景致。一周、两周、三周……我们饱览了这里的美丽景致。在晨跑过程中，我们看到了公路边、山谷里到处有生活垃圾堆放的现象。为了警示人们，山谷上方矗立着一块已经生锈的警示牌，警示牌上"禁止在此倾倒垃圾"八个大字醒目可见。

后来，在走村入户过程中，还看到村组之间的山谷交界处也散布着生活垃圾。到了5月份住在该区域附近的农户家有少量猪仔生病死亡，而远离该区域的村组则没有这一现象，虽然没有准确的证据证明猪仔的死亡与生活垃圾有必然关系，但多多少少会增加人畜患病的概率。除了生活垃圾，我们又考察了水和大气的污染情况。

先来看水的情况，龚家寨的老百姓喝的水都是从山上流出来的山泉水，正所谓“山有多高，水就有多高”，充沛的雨水造就了龚家寨丰富的水资源，因此，这里从不缺水。记得有一次我到附近村寨的小学校买矿泉水，老板娘好不容易找到四瓶矿泉水，居然还不收钱，并且说道：“我们这里的水不错呢，所以都不卖水，即使卖也没人买。这是我从县城回来时买的，喝了剩下四瓶，就送给你们了。”也难怪之前去的两家小卖部都没有矿泉水卖。

龚家寨村下辖7自然村组，村组布局分散。由于没有工业，废水都来自生活污水。牲畜多半放养，集中养殖规模小，牲畜粪便都用来肥地。因此，自由排放的污水会被自然净化，远远不足以对当地生态环境产生负面影响。

再来瞧一瞧当地的空气。由于龚家寨植被茂密，降雨量丰富，这里的空气就像洗过一样干净清澈。污染空气的唯一来源，只有火塘烧柴产生的烟尘了。火塘是当地每家每户必不可少的，因为高寒山区昼夜温差大，晚上得靠火塘取暖，特别是拉祜族村民，晚上多半在火塘边就寝。驻村一段时间后，亲身体验到了晚上蹲坐在村民家的火塘边比待在宿舍舒服多了，还可以在炭灰里焖土豆吃。从入户走访的情况来看，火塘不仅仅用来取暖做饭，还是村民待客交流的重要场所，火塘构成了当地民俗文化的一部分，因此，火塘存在的价值远胜其产生的负面影响。其实，当地户外空气对流良好，降雨量丰富，木材燃烧产生的烟尘对空气的污染微乎其微，完全被自然净化掉。

我们注意到，凡走村串户谈到“生态”两字，村民个个满脸自豪，“生态”似乎成了他们最喜欢听的“甜言蜜语”，也是他们使用频率极高的词汇。例如，“我家的茶叶好呢，生态”“我家的鸡，生态”“我家的火腿比外面卖得还贵，生态”这类话语经常出现在与村民的交谈中。由此可见，当地村民对所处的自然环境质量是高度认可的，内心深处也希望长久生活在这样一个山清水秀的环境中，发展自己的生态产业。

因此，综合考察了龚家寨的固体废弃物污染、水污染、大气污染这三大环境污染后，得出这样的结论：以生活垃圾为主的固体废弃物污染最为严重，它将是影响当地生态环境并限制龚家寨村可持续发展的主要因素之一。

二、龚家寨村的民俗文化

拉祜族是中国古老的民族之一，有着自己独特的文化，包括服饰文化、饮食文化、民间信仰和节日习俗等。而我所在的龚家寨村的拉祜族传统民居则给我留下了非常深刻的印象。

龚家寨村是一个少数民族聚居的村寨，其下辖的户南村组和那卡爬村组居住的村民均是拉祜族，其余村组的村民基本上是汉族。脱贫攻坚以来，针对户南拉祜族村寨采取易地搬迁脱贫政策，现在已经全部搬迁到政府出资建盖的砖混结构平房里居住。我先后两次借村民的摩托车骑行到户南老寨：第一次去到户南老寨，目睹了拉祜族村寨风貌；第二次去到户南老寨，亲身体验了拉祜族的传统民居。

户南拉祜族村寨位于大山的半山坡，云雾中的户南老寨看起来很美。拉祜族住宅为竹木结构，柱子和房梁为木头，周边维护结构为竹子编织的格栅，屋顶为石棉瓦屋顶。据拉祜族村民说，更老的房屋屋顶是木片或茅草屋顶。建筑分上下两层。下层没有维护结构，主要供牲畜遮阳避雨之用，而非饲养牲畜之用，因为这里的猪、鸡等畜禽都是放养的。上层供人居住，由竹子编织的格栅将其划分为两个空间。入户门房间主要用来搁置农用生产工具、晾挂衣物、纳凉，大约占上层空间的三分之一到二分之一。通过格栅的竹门便可进入第二间房间，房屋中间设有火塘，火塘四周地面上布置有床铺、厨具，拉祜族村民就在这间房间吃饭、睡觉、聊天。

在首次行程将要结束时，斜靠在格栅上的“丫字形状”的树杈引起了我们的注意。如果是一般的树杈也就算了，关键是树干上刻着很深且有一定规则的刻痕，而且很明显是有人专门弄的。回到村委会向拉祜族村委会副主任询问得知，这个树杈原来是梯子，这彻底颠覆了我们对梯子的传统认知。这也成了我们二度探访户南老寨的原因之一。

时隔一个月后，我们再次骑行来到户南老寨，亲自体验了“丫字梯”，疑惑方才消除。第二次探访户南老寨时，刚好遇到了村委会副主任回老寨办事，他打算安排我们住在他家土木结构的房屋里，但我们考虑到老寨的竹木建筑将在不久后被拆除，于是就提议住竹木建筑。

再察看其他村组汉族村民的房屋建筑，它们和户南老寨拉祜族竹木建筑有许多相似之处。汉族的土木结构住宅和砖木结构住宅第二层的高度只有第一层的一半左右，二楼的屋檐也非常低，但结构类似于拉祜族的竹木建筑第二层，采用竹子格栅或木制格栅作为维护结构，其功能主要为了通风避雨以贮藏粮食。汉族的畜禽圈舍基本上采用了拉祜族传统民居的结构，只是功能有所不同，上层一般用来放置农具，下层则筑围栏圈养牲畜。上层多数取消了拉祜族建筑中的空间划分。

可以看出，当地拉祜族和汉族的建筑风格彼此之间相互影响、相互借鉴，最终融合形成具有当地民俗特色的建筑风格。这种建筑风格也是适应当地气候的结果。拉祜族民俗文化是一笔无形的宝贵财富，挖掘以拉祜族为代表的民俗文化是打赢脱贫攻坚、实现乡村振兴的一个重要途径。

三、因地制宜，解决问题

第一，针对龚家寨村土壤贫瘠问题，我们提出的解决方案。

经过一段时间的实地考察，了解到龚家寨山势险峻，谷深坡陡，高差大，海拔高，平均海拔1800米以上，所特有的山地立体气候适宜多种植物生长，但充沛雨量反而使当地的砂质土地肥力流失，土地变得贫瘠。2020年中国将全面步入小康社会，然而当地贫瘠的土地极大地制约了当地种养殖产业的发展壮大，成为今后很长一段时期难以跨越的一道坎。客土掺泥、增施有机肥、筑堤防冲等改良沙质土壤的传统措施，虽然有一定效果，但没有从根本上解决问题，改良效果不明显。

经实地考察，我们利用龚家寨家家烧火塘、户户养鸡的特点，以木炭代沙抑制降雨对肥力的淋溶作用，具体做法是尝试通过在鸡食中加一定量的木炭来改变鸡粪的成分，利用鸡粪去改良土壤。

第二，针对龚家寨村环境污染问题，我们提出的解决方案。

龚家寨山势险峻，谷深坡陡，道路盘山而建，蜿蜒曲折。村民习惯将生活固体垃圾倾倒在路边和沟壑中。倾倒的垃圾因未能得到及时降解处理，容易滋生病菌，部分垃圾在雨水等外力作用下滚落到山谷里，污染了谷底河流。尽管当地政府在村民聚居处的沟谷里和道路边树立了“严禁在此倾倒垃圾”的警示牌，但村民仍习惯将垃圾倾倒在路边和沟壑中。相比生活固体垃圾对当地人居生态环境的影响，生活污水的自由排放和火塘烧柴的烟气自由排放所产生的影响则要小得多，因为当地村落分散，且山区空气对流频繁，生活污水和烟气能较好地被山体净化、空气稀释。在这样的偏远山区，将垃圾直接焚烧、就地填埋或转运到垃圾发电厂发电，要么不利于当地人居生态环境的保护，要么经济上缺少可行性，实际上很难操作。

考虑到龚家寨村这个地方水资源丰富，村民家的水池一般都处于溢流状态，因此，拟采用热解的方法将生活垃圾就地碳化，提质减量，溢流的水可用于冷却碳化产生的烟气以获得类似木醋液的有机混合物。

第三，针对龚家寨村民俗文化的保护与利用，我们提出的解决方案。

民俗文化是一笔宝贵的财富，挖掘以拉祜族为代表的民俗文化是促进当地产业发展的一项新动力。但户南村寨在易地搬迁重建后，其老寨在不久后将被拆除。我们应当加强研究新建的民族民居对保留传承民俗文化和实现产业兴旺的作用和影响。我们认为发展民俗文化目的就是做好文化传承，服务好产业发展，服务好经济建设，服务好乡村振兴。像户南这样的少数民族聚居的偏远山区更加如此，只有将民俗文化的保护植根于产业发展中，才能实现民俗文化传承和发展的目标，才能巩固脱贫成果，最终实现乡村振兴。

一户在2014年就脱贫的建档立卡户的二儿子，在靠公路边的自家地里推出一块平地，打算将来分家后在此建盖自己的房子，短期的打算则是先盖个手工茶叶加工作坊。于是他和我们商量是否可以建盖一栋金属框架的玻璃房。他之所以打算建盖金属框架的玻璃房，是因为受一家外地茶厂的影响。那家茶厂因为资金雄厚，专门建了一栋金属框架的玻璃房以供顾客品茶赏景。但后来询问了建造金属框架的玻璃房的花费，小伙子意识到很难做到这家外地茶厂的样子，而且没有自己的特色。

我把小李建盖茶厂的打算告知了我们学校环境艺术设计专业的老师，也就是我的爱人，看看她能否帮上小李，此时她正在收集拉祜族传统建筑设计方面的素材。当然这也是我和小李二度探访户南老寨的原因之一。

小伙子已经和户南老寨的一户村民商定，打算等老寨拆除时，将木料卖给他用于建盖新设计的房屋，再对茶叶作坊进行规划设计。

第四，针对龚家寨村的长远发展规划，我们提出的解决方案。

自2018年2月27日驻进村至今，我去村民家中喝过5次喜酒，做过5次客。当地村民在举办婚宴时，旁边不远处却有人摆摊卖烧烤，这种情景给我留下了深刻的印象。

据村民说，本地方的女孩长大后害怕留在这穷山区，都跑到外地工作，或者嫁到外地，加上农村重男轻女的观念，年轻男子又多，娶个媳妇确实很难。所以，婚礼都十分热烈、隆重。而就在这样热烈、隆重的环境中，一旁却有人摆摊卖烧烤。

第一次做客时，记得只有1家农户在婚宴旁边卖烧烤；第二次做客时，情况也一样；第三次做客时，便有2家农户卖烧烤；第四次做客时，也是之前的两家人卖烧烤；第五次做客时，卖烧烤的人家增加到5家。据村民说，春节前出去务工的村民一般都会回来过年，也是做客高峰期，但卖烧烤的人家也不会超过两家。可以看出，随着脱贫攻坚工作的深入开展，村民的观念在改变，村民的消费能力也在逐步提升，部分外出务工的村民也在逐渐返乡。只要有了人，这个地方才能有更好的发展。到了6月初，村上已经有村民开始做包子馒头卖，他们早晚骑两轮摩托车走村过户高声叫卖。据村民说，在这之前这是不曾有过的事。

龚家寨村长远发展有多种途径，其中一个重要的方面，就是要鼓励本地人回乡创业，发展当地经济，像龚家寨这样地处偏远的山区才不会脱贫后返贫。近年来，全国多个省区市为了吸引大学毕生到当地发展经济，制定了一系列优惠政策。像龚家寨村这样的贫困地区，要发展更需要广大的当地青年参与，且需要有针对性的激励政策和措施。因此，在招商引资中，除了注重引进资金和项目外，还应加大引进外部人才的政策力度，并积极创造条件吸引外出人才回乡创业，为他们在本地发展搭建好平台。

第五，针对脱贫攻坚工作，我们的理解。

习近平在中共十八届五中全会中强调：消除贫困、改善民生、逐步实现共同富裕，是社会主义的本质要求，是我们党的重要使命。贫穷不是社会主义，更不是共产主义。社会主义的最根本任务就是发展生产力，并且在发展生产力的基础上不断改善人民的物质文化生活。习近平总书记在十九大报告中提出全新的论断，我国社会主要矛盾已经转化为人民日益增长的美好生活需要和不平衡不充分的发展之间的矛盾。因此，我们要深入贯彻以人民为中心的思想，牢记中国共产党人的初心和使命，为中国人民谋幸福，为中华民族谋复兴。

脱贫攻坚，是促进全体人民共享改革发展成果、实现共同富裕的重大举措，是体现中国特色社会主义制度优越性的重要标志，是全面建成小康社会的必由之路，我们一定要永远与人民同呼吸、共命运、心连心，永远把人民对美好生活的向往作为奋斗目标，以永不懈怠的精神状态和一往无前的奋斗姿态，继续朝着实现中华民族伟大复兴的宏伟目标奋勇前进。坚决打赢脱贫攻坚战，确保到2020年贫困地区和贫困群众同全国一道进入全面小康社会，为实施乡村振兴战略打好基础。

（廖承菌）

为何贫困

“七八个星天外，两三点雨山前。”伴随着淅淅沥沥的秋雨，在学院领导的带领下，我于2015年9月作为一名扶贫工作队员来到耿马县大兴乡龚家寨村参加驻村脱贫攻坚工作。

在一年零五个月的驻村时间里，我每天深入村组，与群众打交道，既锻炼了腿脚，也磨炼了心志。回首这段难忘的经历，我特别想谈谈山清水秀的龚家寨村贫困的三个原因。

山路艰险、交通闭塞

“要致富先修路”。从大兴乡政府到龚家寨村的这段路是典型的泥巴路，每逢雨季，山体滑坡频发，道路阻断成为常态。驻村期间，我常常遇到道路泥泞湿滑、出行受阻的情况。龚家寨村水资源丰富，水质良好，农户饲养的鸡、猪、牛、羊等畜禽绿色生态，肉质美味可口，道路改善后，必能改变贫困的面貌。

土地贫瘠、山地颇多

龚家寨处于崇山峻岭之中，大自然馈赠了甘冽可口的山泉，也给与他们一块块土壤贫瘠、坡度极大的土地。在这种贫瘠的土地上，作物收成很不理想。我们试验种植过马铃薯、玉米、荞麦和烟草等作物，前期长势可以，可中后期基本就不行了，也可能是浇灌困难的缘故。我们还在村委会菜园子里种过小白菜，长大后叶长仅15厘米左右。另外，龚家寨村山高坡陡，老百姓劳作艰辛，例如核桃树大都生长在陡坡上，采收极为困难。因此，土地贫瘠、山高坡陡限制了老百姓追求富裕生活的憧憬。

“等、靠、要”思想严重

我所在单位云南农业职业技术学院曾给农户送过种猪和种羊，希望村民能积极发展养殖，但好景不长，没过多久猪和羊就被农户吃光了，又继续指望挂钩亲家送米、送油。我还记得驻村期间，我们发动拉祜族村民种豌豆，但好多村民在撒下种子之后，就不再理会技术人员的教导，田间管理基本没有，由于对豆苗没有采取拉线稳固措施，豌豆苗还没长到应有的高度倒伏在地里，导致有的收成微薄。因此，对于村民“等、靠、要”的思想和存在的“惰性”，需要长期进行“自强、诚信、感恩”教育，坚持扶贫同扶智、扶志相结合。

虽然已离开脱贫攻坚一线许久，但龚家寨村令我时常记挂在心，她是一个我曾经用汗水和青春浇灌的地方。龚家寨村民“一酒、二茶、三开水”的待客方式彰显着他们的热情和淳朴，这个滇之一隅的小山村让我倍感温暖。希望龚家寨这个山清水秀的小村子越来越好，一起奔入小康社会。

（赵筱、廖承菌）

核桃的实验

耿马自治县大兴乡龚家寨村作为云南农业职业技术学院扶贫挂联点，自2015年底开始，学院连续选派教师到龚家寨村驻村开展扶贫工作。在对村民的年收入进行入户核算时，“种植业收入”一栏引起了我们的注意。许多农户家的核桃林都有一定规模，但每年核桃产量却非常低，尽管核桃的市场收购价并不低，但来源于核桃林的收入却微乎其微。经过入户调查和实地踏勘发现，这里的核桃树不仅普遍挂果少，而且白壳、软壳核桃还很多。

考虑到引起核桃白壳、软壳的因素较多，于是我们从相对容易改变的土壤因素入手，在土壤中施用生物质炭和羊粪以减少肥力损失，并观察此举能否改善其挂果不好的现状。

一个实验

2018年3月19日，我们选取了龚家寨村主任李国芬家在陡坡地带栽植15年左右的核桃林进行土壤改良实验。土壤改良方法是通过在核桃林靠坡顶处挖掘深30厘米、宽30厘米的半圆形施肥沟，并在施肥沟中埋入生物质炭和羊粪。

◆图97　挖掘半圆形施肥沟

施肥沟之所以选在核桃林所在的坡顶处，是因为陡坡上的养分会在重力和雨水的作用下向下流动，这也是为什么施肥沟要挖成半圆形的原因。

生物质炭辅助羊粪施用方案。

表1　实验方案

组号	生物质炭（千克/棵）	羊粪（千克）（千克/棵）
1	—	5
2	1	—
3	1	5
4	—	—

其中，为了最大程度减少肥力淋溶损失，生物质炭置于羊粪底部，羊粪也不作堆沤发酵处理。除去空白对照组4组，其余各组均选取三棵核桃树上的核桃进行对比。2018年9月14日我们采摘核桃并对挂果情况进行了观察。

实验的结果

2018年9月14日对挂果情况进行观察，通过目测，挂果情况未得到改善，挂果稀疏，经济上完全不具备采摘价值。

我们随机打下一些核桃，放置一周后剥去外部软壳，进行观察。

◆图98　核桃树挂果情况

◆图99　仅施用生物质炭粉的实验组

◆图100　仅施用羊粪的实验组

◆图101　施用生物质炭和羊粪的实验组

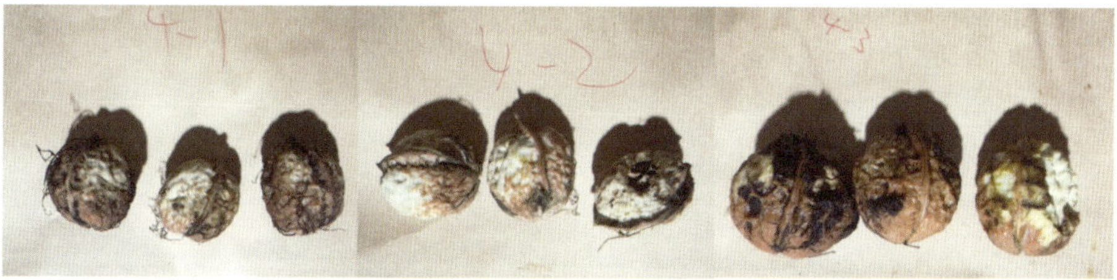

◆图102　空白对照组

从采摘下来的的核桃我们可以看到，实验组和对照组的核桃不仅都存在白壳甚至还存在硬壳不完整的情况，而且各实验组之间的核桃没有显著差别。

因此，通过改善土壤肥力并没有改变挂果不好的现状，据此，我推测挂果不好的现状可能受气候因素的影响。

龚家寨平均海拔在1800米以上，不仅雨量充沛，而且干湿季节分明，其年平均降雨量高达1600毫米，且雨季可以从3月持续至11月。雨季期间，该区域云雾缭绕，光照不足，而此时恰好是核桃从发芽到结果的最佳时间。土壤过分潮湿，光照不足都会对挂果产生负面影响，但是要人为改变降雨和光照这些自然因素极为不易。另外，该地区均为山地，核桃树大都种在陡坡上，即便核桃产量和品质均有改善，但打下来的核桃极易滚落，收集核桃也极其困难。因此，通过扩大核桃种植规模来增加村民经济收入是不可行的。

实验结论

根据实验观察的结果，结合入户调查、实地踏勘的情况，我们认为尽管通过扩大核桃栽植规模增加村民经济收入是不可行的，但由于该区域雨季期间山体滑坡频发，现有的核桃林在预防和减少山体滑坡方面可以发挥良好的生态效益，另外，发展林下经济是一个较为行之有效的途径。

（廖承菌、赵梓敬、蔡东、段晓华、李国芬、龚钦华、周应才）

茶叶的纠结

龚家寨地处耿马傣族佤族自治县大兴乡以北，靠近双江拉祜族佤族布朗族傣族自治县冰岛镇。茶叶是龚家寨支柱产业之一，茶叶种植面积1500亩以上，它是除外出务工收入外村民最主要的经济收入来源。我作为驻村工作队员，在品过百家茶，与村民一起种植茶树，采摘茶叶，学习手工炒茶，协助办理茶叶初制所营业执照后，对茶叶产业下一步发展有了一些个人看法。

喝百家茶

驻村一年来，因为当地村民都比较热情，习惯以茶待客，所以我们有幸在入户工作之时得以品尝到村民家的茶。村民们给我们端来的茶水都是用自己家种的茶冲泡的，因此，茶水也是各有各的味道。品尝下来，我们觉得影响口感的因素主要有三个：一个采摘季节，二是杀青工艺，三是冲泡方式。

我首先谈一下冲泡方式对茶水味道的影响。龚家寨村有7个村组，户南、那卡爬两个村组是拉祜族村寨，龚家寨、陶家寨、扎发、岔河、黄地基组为汉族村寨。拉祜族寨子村民冲泡茶水的方式与汉族村寨有很大区别。

汉族村寨冲泡茶水的方法与我们现代冲泡方式是一样的，就是把茶叶放到杯子里直接用热水冲泡饮用，或者在冲泡前多一道洗茶环节。拉祜族村民则要把茶叶先放在锅里炒一下，炒香后将茶叶放到铁壶里，把铁壶加满水搁在火塘上慢慢煎煮，煎煮一段时间后即可饮用。由于茶叶放得比较多，饮用过程中只管不断加水煎煮即可。这样煎煮出来的茶水看上去就像中药汤一样，喝起来带有炒过的糊香味，但味道较苦，跟喝中药差不多。听村民说拉祜族的茶容易喝上瘾。倘若只喝上一小口茶水，便改喝白开水，回甘会特别明显而且持久，这是一种特别的饮茶体验。

由于拉祜族村寨特别的茶叶冲泡方式，即炒了之后在火塘边煎煮，使得不同季节、不同树龄的茶叶冲泡后就一个味——苦，口感上的差异都被抹掉了。但通过现代的茶叶冲泡方式冲泡的茶水，口感上差别就比较明显了。该地区一般每年11月到次年3月天气比较干旱，降雨少，此时采摘加工的茶叶，冲泡后口感浓郁，回甘好，而5月以后采摘加工的茶叶，因雨季逐渐来临，冲泡的茶水味道就比较淡，寡淡味重。

最后一个能显著影响茶叶冲泡口感的因素就是采摘后的杀青环节。当地茶叶杀青采用炒青的方法，一是通过柴火灶加热用手来炒，二是利用机器来炒。炒青方法的选择主要看茶叶采摘的季节和树龄。一般情况，古树茶、春茶会用手工杀青，而雨水茶和小树龄茶则采用机器炒青会多一些。口感浓郁、回甘好的基本上是古树春茶，较差的就是雨水茶和小树龄茶。

亲历茶树种植、茶叶采摘与手工杀青

当地非常适合种植茶树，一是因为当地气候温润，还经常会有低矮的云雾；二是因为当地土质疏松。根据实地取样并请临沧土壤肥料工作站化验显示，土样pH值为4.48，呈强酸性，此种土壤非常适合茶树生长。在当地种茶，不论是直接用茶果种植，还是育苗后移栽，都比较容易栽植成活。可以说只要持续种植，加强管理，茶叶的产量就会一年比一年多，品质一年比一年好。

春夏两季既是茶叶采摘的季节，也是茶叶加工的高峰期。根据当地农户的经验来看，采摘下来的茶叶如搁置超过一天，基本上就等同于“树叶”了，因此采摘下来的茶叶需要及时加工。

我们明确了这一关键点后，先到村上最大的茶厂学习手工炒茶，熟练掌握后又到了几个做茶叶的大户家炒茶，全面了解当地手工炒茶的技术。该技术最核心的就是炒青过程都必须依靠双手完成。在刚开始学习时，戴了三层棉手套，最外面的棉手套常被锅底烫穿。随着进一步掌握要领，就只戴一层棉手套，尽管手指没有被严重烫伤，但手指尖已呈蜡白色，血液供给困难。两天后蜡白消失，化作了老茧，一周以后指尖触觉方才恢复正常，而后老茧慢慢脱落。经过多次反复的实践，最后，只需要戴一薄层棉手套即可操作。据村民说，技术好的炒茶师傅能光着手炒茶，第二年春天我光着手尝试了一次，通过双手感受到茶叶从入锅时的清凉到粘手再到烫手的变化过程。

◆图103　学习手工炒茶

◆图104　学习采茶

通过手工炒茶的实践，我们认识到，手工杀青并不轻松。每到茶叶采摘时节，做茶的村民为了能及时把采下的茶进行杀青处理，基本上是白天采茶，晚上通宵的炒茶。采茶旺季，连续两到三个周通宵炒茶，常常因连续作业，导致人们疲惫不堪，劳动效率不断下降，质量得不到保障。

随着茶叶种植规模逐年扩大，茶叶产量一年比一年多，手工炒茶的局限性在逐渐显现。手工炒茶的速度将限制采茶的速度，如果还继续采用手工炒茶，那么新发出来的茶叶大多只能留在树上。

在掌握了手工炒茶方法后，我们又随同村民到茶地里采茶。采茶是不折不扣的劳动密集型工作。从目前来看，零散分布的茶树要用机器采摘替代人工采摘还有一定的难度，也不现实。由于茶叶上带水很容易就炒糊，因此，一般都在晴天采摘，这对村民的身体素质有较高要求。

茶叶初制所建设

建档立卡贫困户李朝新家的二儿子李福志打算在自家新的宅基地

搞个小规模的茶厂。我们还为他的茶厂取名“新叶坊”，并协助其申请到了营业执照。取名“新叶坊”有三方面的含义：一是茶叶采的是茶树的新叶，新叶坊的叫法容易让人见名知义，同时该名字清新又接地气，容易被人记住；二是考虑今后在茶叶加工方法上要有所创新；三是茶叶加工要按照市场要求进行，并把市场需求作为茶叶加工生产的出发点。

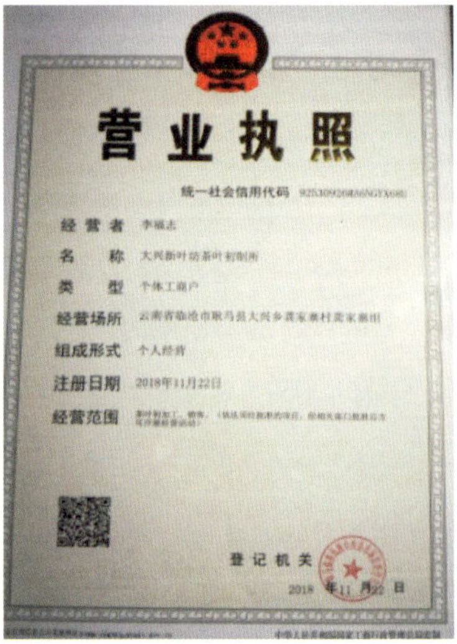

◆图105　新叶坊茶叶初制所营业执照

亲历之后的想法

通过品茶、采茶、炒茶，并协助村民开办茶厂，我们认识到茶叶在当地确实是很有发展优势的产业。但是现实情况是：由于村民已经意识到茶叶种植的优势，新茶种植规模在逐年增加，并有加快种植的趋势。但是，由于手工炒茶对技术要求高，再加上手工炒茶十分辛苦，愿意学习的人不多，手工炒茶技能的提升受到限制。这也就意味着，即使不继续增加茶叶种植面积，也因为越来越多的人采用了科学的种植和管理技术，茶叶产量也会不断增加，当茶叶产量超过传统手工茶加工量时，就出现茶叶产量与茶叶加工能力脱节的现象，导致茶叶留在茶地里得不到及时加工，而成为“树叶”，最后造成浪费。

我们调查了解到，当地原始森林中生长着许多野生茶树，从野生茶树上采下的茶叶是不需要杀青便可冲泡饮用的。这给了我们一个启示，若能在茶叶加工过程中免去杀青环节就能达到杀青效果的话，那么将从根本上克服小树龄茶树茶叶手工加工能力不足的问题。除少量的古树茶或市场需要仍通过手工杀青处理以及传承保留手工杀青技艺外，需要深入研究以免炒茶为目标的制茶新工艺，以提高茶叶的加工能力和品质。

（廖承菌、赵梓敬、刘春、李福志）

野菜的味道

龚家寨地处耿马县东北方向，却与耿马县坝子的气候差异很大。龚家寨平均海拔1800米以上，属于高寒山区，不仅雨量充沛，而且干湿季节分明。具体来说，其年平均降雨量高达1600毫米，雨季可以从3月持续至11月，旱季从11月持续到次年3月。这种春夏雨水旺盛、秋冬干旱的气候特点对大部分蔬菜的生长十分不利：一是雨季降雨过多导致土壤肥力流失，难以保证蔬菜的旺盛生长；二是如果水利设施不足，在旱季难以进行大面积灌溉，保证作物对水份的需求。正因为如此，当地很少有村民以种植蔬菜为生，一般在冬季种点青菜萝卜以自给，平时吃到的蔬菜基本上产自山区里的低矮坝子中，还有就是当地生长的野菜。

在龚家寨村全年都有种类繁多的野生蔬菜生长着，村民不仅经常到户外采食各类野生蔬菜，而且将野生蔬菜进行人工种植以满足自家食用，效果非常好。受此启发，若能根据当地野生蔬菜生长特点，从中选取若干种野生蔬菜就地人工繁育，不仅能解决生活需要，还能培育新的品种，促进当地产业发展，形成新的经济增长点。

因此，笔者梳理了当地村民耳熟能详的十种野生蔬菜，并根据其可食用部位的不同分三类进行阐述：第一类可食用整个植株，第二类主要食用新叶或果实，第三类主要食用根茎。

第一类野生蔬菜

这类野生蔬菜除根部外均可食用，它们分别是光棍菜、大麻菜、石头菜、水滑菜、香香菜和酸格菜。

表1 第一类野生蔬菜

序号	当地叫法	当地采食季节（月份）	当地食用方法
1	光棍菜	2－5	煮食
2	大麻菜	3－5	煮食
3	石头菜	1－6	煮食
4	水滑菜	2－11	煮食
5	香香菜	1－12	凉拌，配菜
6	酸格菜	1－12	凉拌，配菜

◆图106 光棍菜

◆图107 大麻菜

◆图108 石头菜

◆图109 水滑菜

◆图110 香香菜

◆图111 酸格菜

光棍菜、大麻菜、石头菜、水滑菜在当地一般都是煮着吃的，而且常和豆子一起煮；香香菜多凉拌或当佐料使用；酸格菜可直接食用或者凉拌。光棍菜、水滑菜、香香菜多生长于山沟里和溪流边，大麻菜、石头菜则多生长于树林中。

第二类野生蔬菜

与第一类不同的是，这类蔬菜本为灌木或乔木，可食用的是其树梢生发出的新叶或果实，它们分别是火镰菜、五加菜和盐酸。

表2 第二类野生蔬菜

序号	当地叫法	当地采食季节（月份）	当地食用方法
1	火镰菜	2–10	凉拌
2	五加菜（刺五加）	1–12	凉拌
3	盐酸树	9–11	佐料（代替酸醋）

火镰菜和五加菜味道相接近，但火镰菜味更重些，一般首次食用会不习惯，多凉拌着吃。盐酸树一般食用它的籽实，籽实表面有一层酸粉，用热水侵泡出的酸水来加工各种凉菜。火镰菜、五加菜、盐酸树多生长于山林坡地。

◆图112 火镰菜

◆图113 五加菜

◆图114 盐酸树

第三类野生蔬菜

这类野生蔬菜比较少，岩姜就是其主要代表。它可食用部分就如同平时吃的生姜一样。

岩姜一般和其他菜品一起凉拌着吃，也可单独凉拌着吃，全年可采食。正如其名，它主要生长在悬崖峭壁上。

◆图115　岩姜

综上所述，因地制宜、因时制宜地进行人工培育野菜在技术上具有很强的可行性。具体而言，光棍菜、水滑菜、香香菜可以考虑立体水培，大麻菜、酸格菜、石头菜、岩姜可考虑菜地种植，火镰菜、五加菜、盐酸树可考虑坡地人工栽植。

（廖承菌、龚钦华、罗红书）

野果的价值

耿马县大兴乡龚家寨村不仅野生蔬菜资源丰富，而且在每年二月至九月，很容易寻到各种野果。需要澄清的是，“野果”的叫法并不意味着这些果子均为当地特有，有一些来自外面；也不意味着它们就纯粹生长在野外，也可能受过人为干预。为凸出它们在不受人为干预或受人为干预很小的的情况下，能够较好地在当地环境下生长，我将它们统称为“野果”。下面依次按当地叫法对酸木瓜、多依果、“老鼠白酒果”、洋石榴和白藤果进行介绍。

酸木瓜

龚家寨村到处生长着酸木瓜，不论在山沟之间、农家院中，还是在村组道路边你都很容易看到它。在每年的2月份便可看到红艳的酸木瓜花开满枝头，每年3—9月就能吃到酸木瓜。酸木瓜可直接食用，但多半直接或晒干后用作配菜或佐料。酸木瓜煮鱼、酸木瓜炖鸡、酸木瓜炖猪脚是当地比较有代表性的三道菜，但更为爽口的恐怕是用捣碎的新鲜酸木瓜爆炒连骨头剁碎的土鸡，村民把这道菜叫“鸡糁”。

◆图118　酸木瓜

多依果

当地村民把多依果叫做“小苹果”，在每年5—10月份可以吃到。在当地村民把多依果分成两种：一种叫酸多依，一种叫甜多依。其实两种多依都是酸的，不同之处是，甜多依酸中带甜，质地蓬松一些，口感更好。因此，甜多依普遍受村民喜爱。以龚家寨村民龚来顺家种的甜多依为例，他家的甜多依9月份就已被当地村民订购完了。为了满足市场需要，他便开始在家中培育甜多依苗。

◆图119　多依（从左向右依次是甜多依树，甜多依果，甜多依苗）

“老鼠白酒果”

“老鼠白酒果”是当地村民的叫法，每年6月至11月可以吃到这种果子。它多生长于斜坡阴凉处，果实从植株和土壤的接壤处冒出，远远看去果实外观有点像草果。果实外壳质地脆而软，拨开外壳后籽实饱满，吃起来味甜。“老鼠白酒果”在当地并不多见。

◆图120　“老鼠白酒果”

洋石榴

洋石榴是当地村民的叫法，其实就是百香果。洋石榴具有很强的生命力，不论在路边和坡地里，还是农家院里均可见到。每年7—12月，便可采食，特别受当地小孩子喜爱，周末经常能看到小学生三五成群采食。熟透了从藤子上掉落下来的洋石榴味道更佳。

◆图121　洋石榴

白藤果

白藤果是当地的野果，一般要到大箐（大山里）里才能找到。它的藤子比较粗壮，沿着大树攀爬，因此果子比较难摘到。每年9—11月份，可以在乡街上偶尔看到当地村民在卖白藤果，它们都是当地村民跑到大箐里寻得的。

◆图122　白藤果

熊掌果

◆图123 熊掌果

熊掌果是当地的又一种野果，同样要到大箐里才能找到，也生长在藤子上，每年9—11月份，可以在乡街上偶尔看到当地村民在卖从大箐里寻来的熊掌果。

（廖承菌、赵梓敬）

你还种烟吗

烤烟是继茶叶之后，龚家寨又一种重要的经济作物，其种植面积每年在三百亩以上。因为受国家政策的扶持，它已然成为当地村民最稳定的种植收入来源。然而没有预料到的是据2018年末统计的烤烟种植意向显示：2019年当地村民种植烤烟的意向显著下降。因此，2019年开年后，县、乡、村三级联动，通过村组干部会、村小组会，驻村工作队入户反复动员，村民报种烤烟的亩数方才勉强达到预期目标。

在烤烟动员工作完成之后，结合2018年农户种植烤烟的情况，并专门向当地烤烟种植能手求证，最后对今后一段时期内当地是否要继续发展烤烟种植做了一个合理的判断。

摆在面前的问题

2018年12月初，龚家寨的烤烟师傅便开始为2019年的烤烟种植工作忙碌起来，挨家挨户统计有意向种植烤烟的农户数量和种植亩数。烤烟师傅这样做是否为时过早呢？2019年2月底，烤烟师傅统计的数据彻底打消了我们之前的疑虑。龚家寨下辖的7个自然村寨，报名种植烤烟的农户数量和亩数远远达不到预期目标，甚至部分村寨少到只有一户农户上报了一亩土地种植烤烟。

为此，村委会和驻村工作队根据这一情况，积极组织人员到农户家进行烤烟种植动员工作，随后县乡两级领导及行业技术员专程到村上开展动员工作。经过村组干部、村小组及驻村工作队入户反复做村民的工作，方才勉强达到了预期目标。

在入户动员过程中，我们了解到普通烟农多数对种植烤烟持消积态度，他们看法是：一是认为种植烤烟经济效益太低，不划算种；二是部分年轻人外出务工，缺少劳动力。

今后还需不需要继续发展烤烟种植？这一实际问题便摆在了我们面前。

我们的体验

2018年4月，为了解当地农业发展情况，驻村工作队便积极参与到村民的烤烟种植工作中，主要参与了烟苗运送和施肥两个环节的工作。

通过参与烤烟种植工作，我们认识到烤烟种植精细化程度比较高，在龚家寨种植烤烟比在坝子中种烟辛苦许多，而且技术要求较高。

首先看烟苗搬运环节。大批量的烟苗一般会运到村委会和各村组的活动室及道路岔口附近，再由村民自行搬运。由于移栽烟苗还需要一段时间，村民不得不先搬运回家，找个阴凉的地方暂时搁置，然后

◆图124　帮助村民运送发放的烟苗

◆图125　田间施肥

◆图126　烤烟集中种植区

再逐步转运到烟地里栽培。整个过程基本上由人工或摩托车搬运。因为烟苗不能相互挤压，不论是人工搬运还是摩托车搬运，每次最多只能运输两盘烟苗。我们曾利用废弃的宣传展板将烟苗从村委会直接搬运到烤烟地，一次搬运九盘烟苗，四个人用了大约四十分钟。如果一个人，至少得搬运五个来回，需要一个下午的时间。

再看一下施肥环节。我们用了一个下午的时间在地里施肥。尽管太阳比较辣，但村民已事先将各种肥料准备好放在地里了，地也是提前整理好的。因此，按要求定量施肥即可。但如果是自己搬运肥料到地里，显然会比搬运烟苗更加费劲。

最后看一下烤烟地的条件。龚家寨下辖的2个自然村的烤烟集中种植地块，都是山坡改成的梯地。这地块也是龚家寨最适合烤烟种植的土地，其他烤烟种植地块不论土质还是劳作的方便程度都不及这里。

2019年初，乡政府召开了烤烟动员会，在会上贺乡长提到龚家寨村烤烟种植每亩要比坝子里种植的多消耗2.5～5个工，人工成本较高。

成功案例

与大部分村民对种植烤烟持消积态度不同，被当地村民公认的烤烟种植能手熊师傅家不仅没有排斥种烟，反而希望扩大种植规模，由2018年的4.7亩提高到2019年的11亩。这引起了我们的特别关注，于是我们专程找他求证。熊师傅在翻耕烟地时，其他大部分村民的土地还长满杂草，地里也见不到人影。

◆图127　熊师傅正在翻耕烟地

驻村工作队问：“为什么只有你们家在翻耕烤烟地，其他家的土地还长满杂草，不见人影呢？”

熊师傅答："因为当地从三四月份开始逐渐进入雨季，如果是在端午节前种下烤烟，那么雨水多、雾大，烟叶就长得薄，产量和品质都不高，价格就要低一点，所以要提前一个月，在三月份种下去，阳光好，烟叶就会厚一些。"

驻村工作队问："那三月份确实会有点雨水，但晴天居多，得靠人天天浇水，那么大的面积靠拖皮管浇水能浇得过来吗？"

熊师傅答："是有点难浇，不过二月底一有雨，就得马上开始耕，并且要耕深一点。"

他边说边给我们介绍他使用的微耕机。

◆图128　深耕采用的微耕机刀头

熊师傅说道："我的微耕机和他们的一样，只是我用的刀头不一样，要比他们装的刀头耕得深一些，大概能有一尺多深，他们的只有六寸左右。"

驻村工作队问："你的烤烟地平均一亩能卖多少钱？"

熊师傅答："有5000多呢！"

驻村工作队问："能达5500以上吗？如果自己人工不算，除了成本能赚多少？"

熊师傅答："能呢！利润能占三分之二吧，一亩烤烟可以挣3000多块呢！"

驻村工作队问："那其他村民说一亩烤烟大都只能卖到3000多块，很难突破四千，说是经济效益不好，不想种，是由于他们土地的问题，还是缺劳力呢？"

熊师傅答："土地有点差异，但不大，缺劳力也有点，主要因为他们不按要求种，确实只能卖到三千多块。"

于是，他跑去旁边地块拾来一点其他农户去年种的烤烟残存下来的烟秆和自己家的放在一起。

熊师傅介绍道：“烟苗移栽后，大概一周就要把烟苗周边的土向烟秆上合拢，这样做不仅可促进烟秆最下面长根，而且后面合上土的地方也会长根。而没有合土的烟秆，底端的根长得也会很少。”

a—熊师傅家的烟秆根部
b—其它烟农家地块里的烟秆根部

◆图129　烤烟秆根部比对

熊师傅接着介绍道：“我种的烟叶长度可以达到1.1米，而且烟叶要比其他人种的密一些。这个是烟秆，你一眼就可以看得出来呢，我种的烟秆节间距要小，而其他人种的节间距要比我种的大，所以，我种的烟叶会更多一些。”

驻村工作队问：“那除了刚才说的几个方面，给还有什么要注意的呢？”

熊师傅答：“每天都得到地里，其他就没有了。”

驻村工作队问：“每天都得来地里做什么呢？”

熊师傅答：“每天到地

c—熊师傅家的烟秆
d—其它烟农家地块里的烟秆

◆图130　烤烟叶片生长部位对比

里一次主要看看薄膜给有破损，如果有就得及时补一下，还有就是可能有的苗长得慢，要及时补点肥，其他都按要求来，有虫也得及时打药。”

驻村工作队问：“你说的这些经验都是你自己摸索出来的吗？”

熊师傅答：“不是，都是技术员要求的，我们都按照他们的要求做，然后自己后面每天看着点。”

找到了出路

至此，对于前面提出的问题，今后还需不需要继续发展烤烟？我想可以回答了。

首先，种植烤烟经济效益太低，划不着种的理由是不成立的。

提前种植，深耕土地，按时合土，精心管理都不是熊师傅自创的，而是技术人员教给他的技术要点。他按要求精耕细作，获得了丰厚的经济回报，而其他村民未能按要求一一落实，没能做到精耕细作，所以才造成经济效益低下、不划算种的假象。

提前种植，深耕土地，按时合土，精心管理都是很有针对性的技术措施，可以有效克服当地农业生产的一个主要矛盾，即该地区特有的高寒山区立体气候适宜多种作物生长与雨量大土壤沙化漏肥导致作物难以茁壮生长之间的矛盾。提前种植可以避免雨雾的负面影响，提高烟叶质量；深耕土地可以解决因提前种植带来的缺水问题，如农谚所云：“深耕一寸土，多耐十天旱”；按时合土可以促进根系生长，配合土地深耕工作，可共同提高根系对营养物质的吸收能力，克服后期雨季雨水对肥力的淋溶问题，尽可能确保肥力有效供给；精心管理则是防范各种病虫害和减小生长差异的有效手段。

可见，技术上已经能充分保证烟叶的生长品质和产量，因此，种植烤烟经济效益太低、不划算种的理由是不成立的。

其次，大量青壮年外出务工导致缺少劳力的情况是客观存在的，但不足以成为拒绝种植烤烟的理由。

熊师傅夫妇两人并非青壮年，家里孩子都在外打工。2018年熊师傅一个人种植烤烟4.7亩，获得了良好的收益。2019年初夫妇二人已经开始为种植11亩烤烟而忙碌。

通过我们参与烤烟种植工作的亲身体验后发现，种植烤烟每亩人力消耗的增加以及精细化的种植与管理技术，恐怕才是引起村民产生畏难情绪，不愿意种植烤烟的主要原因。

若是如此，则更需要动员村民种植烤烟，这不仅仅是为了使村民获得经济收益，更重要的是让村民通过种植烤烟，以习得精细化的种植管理技术，改善当地生产力水平，为后续产业发展打下基础。

以提高亩产收益为目标，适当减少种植规模。具体可这样做：以当地烤烟种植能手的平均亩产销售额为目标，普通烟农用个人的烤烟总销售额除以当地烤烟种植能手平均亩产销售额，就是普通烟农个人下一年需要种植的亩数。若劳动力变动较大，可在此基础上再适当调整种植规模。

因此，在当前一段时间内种植烤烟具有承前启后的重要作用。不仅要通过种植烤烟稳定村民既有的收入水平，巩固脱贫成效，降低返贫风险；更需要以烤烟种植为契机，帮助村民习得精细化种植管理技术，改善当地生产力发展水平，提高生产效益，实现增产增收的目的，为乡村振兴战略的实施奠定基础。

（廖承菌、赵梓敬、蔡东、沈动伟）

补短板还在路上

2019年12月31日一早，我和往常一样打开云岭先锋App签到，“国家主席习近平将发表2020年新年贺词”的消息跳入眼帘。身为一名驻村工作队员自然想听一听习近平总书记在辞旧迎新之际，对脱贫攻坚工作有什么新的指示。当晚7点新闻联播时间，我们准时收看了习近平总书记通过中央电视台发表的2020年新年贺词。睡前，我又通过手机看了两遍。

习近平总书记在贺词中说：“我们将全面建成小康社会，实现第一个百年奋斗目标。2020年也是脱贫攻坚决战决胜之年。冲锋号已经吹响。我们要万众一心加油干，越是艰险越向前，把短板补得再扎实一些，把基础打得再牢靠一些，坚决打赢脱贫攻坚战，如期实现现行标准下农村贫困人口全部脱贫、贫困县全部摘帽。”

2018年12月，龚家寨村与耿马县一起通过了省级第三方验收，实现脱贫摘帽，2019年7月，龚家寨村再次与耿马县一起经过了国家级第三方验收，实现高质量脱贫。也就是说，2019年龚家寨村已全面实现“两不愁、三保障”。

龚家寨村是一个以拉祜族为代表的少数民族聚居的行政村。自给自足的农耕经济是其主要的经济模式，小农意识根深蒂固。村民播种的苞谷、土豆等粮食作物主要作为猪、鸡、牛、羊等畜禽的饲料，饲养的猪、鸡、牛、羊等畜禽又主要满足村民自己消费，他们仅出售少量畜禽和粮食以购买盐巴、衣服等自己不能生产的生活物品，只有相当少的村民会通过售卖茶叶、烤烟或外出打工赚钱。

作为龚家寨村下辖的两个直过民族村组（拉祜族）户南、那卡爬，那儿的老百姓与当地汉族村民在思想、观念上都有着显著差别，主要体现在大多拉祜族村民缺乏商品经济意识，也没有储蓄观念。具体地说，在生活上，一般是要等家里可吃的东西一点不剩才去找吃；在农业生产上，要等到播种了，才会去找人借种子，大多不会在收获时就考虑预留种子，准备来年的播种。也就是说，他们不会为了明天的吃穿而发愁，得过且过，安于现状。结果是越过越穷，越过越愁。这就是脱贫以前当地许多老百姓的生活状况。

自脱贫攻坚以来，当地村民的生活生产发生了很大的改善。尤其是拉祜族村民，不论在生活上还是在生产上都开始主动接受汉族村民的观念，开始接受新鲜事物，思想上与当地的汉族村民不断靠近。我们看到，脱贫攻坚以来村庄发生的巨大变化自然而然地改变着龚家寨村老百姓的思想观念，供娃娃读书的人家、外出务工的年轻人逐渐多了起来。

虽然变化非常显著，可以说是前所未有，但自给自足的小农经济意识却没有彻底改变。

2019年，我参加了村上的烤烟种植动员、人口核查、厕所革命、两保收缴、收入核算、系统录入、收缴建房还贷等项工作。回顾这些工作，我意识到“走村入户”的工作方式之所以逐渐成为驻村队员完成各项农村工作的最行之有效的方式，就是因为这种工作方式，亲近农户，亲近村民，受老百姓欢迎。而且有利于我们深入农户，观察农户，了解农户，和村民打成一片，成为他们中的一员，得到他们的信任，我们才能想村民之所想，急村民之所急，盼村民之所盼。

在走村入户的过程中，我有意识地在部分建档立卡村民家整日“驻扎”。通过观察发现，他们整天都在干农活，从早到晚，忙忙碌碌，不得不说他们很辛苦，但他们的生活却不尽如人意，让人揪心。

大清早，一个建档立卡户的女儿便到苞谷地掰苞谷。上午9点左右，男主人忙完家务，就出去放牛。女主人也是忙家务差不多到上午10点就抽身出来，将头天掰回的苞谷棒子摊晒完。农户的儿子一大早天不亮就出去帮工修路。11点左右，女主人随便整点吃的，然后就坐在苞谷棒子边上，把晒得快干的苞谷棒子上的玉米颗粒一粒一粒地搓（抠）下来。下午6点左右，男主人背着柴、赶着牛回来，大女儿背着苞谷棒子从地里回来。7多点钟开始做饭。晚饭后，男主人、女主人、大女儿坐在火塘边继续搓苞谷。晚上10点多，农户家二儿子才从工地回来，也跟着搓苞谷，一起干到深夜，也没有搓下多少。几乎家家都是这样，一年到头还是吃不饱。

龚家寨村自然资源匮乏，农业生产落后，使得当地老百姓要想把日子过好，就需要更多的付出，加倍的努力。

因此，对龚家寨村而言，要巩固“两不愁、三保障”成果，远离贫困的怪圈，严防返贫现象，就要因地制宜，一村一策，毫不放松，“补足短板，夯实基础”。

首先是建设服务型村委会。作为龚家寨村，一方面建设服务型村委会已经具备一定的基础，而且也做了许多探索，取得了较好的效果。这个基础就是自脱贫攻坚以来形成的为村民服务的工作作风和履行为老百姓办事的责任。要坚持下沉到村民中，传达上级精神，落实相关政策，及时把党和政府的关怀送到村民手中；要继续走村入户开展工作，了解村情、民情，及时解决村民的困难，为村民办实事，办好事，切实为村民排忧解难，努力发展生产。另一方面，作为刚脱贫出列的贫困村，还要不断提高村民的市场经济意识，不断加强村民劳动技能和文化知识的培训，提高村民的文化素质和技能水平，把改变村民生产、生活方式和思想观念作为工作的落脚点和出发点。也要鼓励有条件的年轻人积极外出务工，见世面，长见识，以便更好地接受新观点、新思想、新技能。同时，要想方设法吸引在外务工有一定“成就”或“见过世面”的年轻人回乡创业，带动村民发展生产，建设家乡，共同致富。

为保障服务型村委会的持续、高效运转，需要县级统筹，乡级监督，村级落实。一个重要的方面，就是要进一步提高村干部的待遇，解决他们的后顾之忧，为他们创造良好的工作环境，让他们安心工作、热心服务村民，充分调动村干部的工作积极性，切实发挥村委会基层组织的作用。同时，要加强村干部的业务培训，定期派他们外出参观、考察、学习，令他们开阔眼界，增长见识，转变观念，提高他们的政策水平和履职能力，进而提高基层组织的治理能力。另外建立起完善的村干部选拔、培养、任用的激励机制。另一方面，要从龚家寨村的实际出发，在加大土地治理、改善农业生产、调整产业结构等方面下功夫，按照“一村一品”的思路，形成自己的产业特色和经营模式；要变输血为造血，不断增强龚家寨村的造血功能和经济发展后劲，壮大集体经济，巩固“两不愁、三保障”成果。

其次，完善乡村路网建设。2019年底，龚家寨乡村、村组道路全面硬化，许多村民陆续购车。但是，龚家寨村山峦叠嶂，坡陡谷深，地质灾害频发，道路经常中断，不论是播种还是收获，运输十分困难，影响当地村民的生产和生活。因此，加强通往田间地头的道路建设，保障现有乡村道路畅通，有利于改善生产条件，促进当地经济。完善乡村路网建设，需在乡级政府统一规划下，统筹安排，分期分批进行建设和改善。

第三，一是要坚持走以科技驱动带动产业发展的路子。龚家寨村在以科技驱动产业发展方面已经具备良好条件。云南农业职业技术学院是一所以种植、养殖专业为主要特色的综合性高职院校，人才济济，科研力量雄厚，科研成果丰硕。作为挂包帮扶单位，云南农业职业技术学院2019年已为龚家寨村培养了一批养殖防疫队伍，还为沪滇合作项目“大兴乡龚家寨村委会生态养猪、火腿加工”的投入实施提供人才保障。要充分发挥云南农业职业技术学院在当地经济发展中的作用。

二是在云南农业职业技术学院课题《生物质炭辅助鸡养殖改良砂质土壤实验与示范》项目的资助下，申请的实用新型专利“一种生物质炭辅助鸡养殖改良高海拔土壤的系统”获得授权。要确保以科技驱动产业发展落到实处，需多方面合作，围绕解决龚家寨村立体气候适合各种植物生长与雨量充沛下的土质沙化导致各种植物难以茁壮成长之间的矛盾，积极开展科技攻关，协同创新，全力解决长期以来老百姓“种多收少”甚至“种而无获”的农业生产问题，才能从根本上增加老百姓的收入，改善他们的生活，让村民树立起对美好生活向往的信心。

三是要紧跟时代步伐，积极采用现代信息技术，通过互联网+、电子商务等手段，全面推进龚家寨村美丽乡村建设。

我认为，虽然龚家寨村已如期脱贫出列，实现了“两不愁、三保障”，但是这不是终点，而是新的起点。未来已来，为了实现第二个百年奋斗目标，“补短板”还在路上。

（廖承菌）

第四篇

驻村故事

没想到我们盖鸡舍的事，已经为许多村民所知。他很乐意地答应免费帮我们，在他的帮助下，我们一起用了3天时间就把空心砖鸡舍建起来了。

山体滑坡

2018年6月13日，大家都聚到院子里准备吃晚饭，突然从村委会办公楼后面传来一声巨响，地面还伴随着一阵抖动。大家不约而同地向办公楼后面跑过去，发现办公室瞬间变得凌乱不堪，满地的碎玻璃和泥土，铁制的窗框也变了形从墙上掉了下来。原来这一切都是由办公室背后的堡坎坍塌造成的。惊魂未定之时，大家赶紧清点了一下人数，还好塌方发生时办公室里没人，都到院子里准备吃饭，方才躲过了这一劫。

◆图131　村委会办公楼后的堡坎垮塌

◆图132　坍塌的堡坎冲坏的一楼办公室

实际上，每到雨季，类似这样的情况在耿马县大兴乡龚家寨村经常出现。

记得2018年2月27日，学校领导专程为我们新驻村队员送行，600多公里的行程中，聊得最多的话题莫过于龚家村的道路与雨季时的山体滑坡。一位老队员说："龚家寨村所在的大兴乡乡长2017年7月份就牺牲在这条乡村道路上，我们学校选派的前任驻村书记2017年11月左右也是在同样的乡村道路上为避让迎面开来的车而冲下山坡，好在被一棵树截住，有惊无险，当时车上还有老支书和村主任。"

但是一路上天气晴朗，并没有遇到滑坡的情况，这让我一直怀疑实际情形真有老队员说的那么夸张吗？不过盘山道路的崎岖却比他们说得还要夸张，即使用"山路十八弯"一词也都不足以形容这里山路的蜿蜒曲折。车子在行驶过程中总是处于一种刚加速就减速的状态，同时左右晃悠，一路上很不适应。与我们同行在一条道路的前方车辆，因乘客在走了不到一半路程的崎岖山路上就因呕吐停了两次车，结果被我们的车辆甩在了后面。

龚家寨从4月中旬开始进入雨季，雨水便多了起来。村寨附近的山体滑坡时有发生，情况严重的掩埋并阻断道路，情况轻微的也要折损几棵茶树。我们驻村工作队和村三委多次发动群众并带头疏通阻塞道路，帮助过往车辆从泥泞中脱困。比较严重的是村主任家的房屋所在的山体居然整体下滑，一户农户的院子出现了多条裂痕，裂痕的缝隙都足以放进脚掌，因此，还曾为其在附近搭建了临时帐篷，后面在政府的帮助下他们家已经住进了在附近建盖的砖木结构的房子。

频繁的自然灾害引起了我对龚家寨村周围环境的特别关注。龚家寨地处高寒冷山区，海拔1600~2200米，植被茂密，自然环境不错，为啥一下雨，山体就频频滑坡呢？我便带着这个疑问在走村入户调查时向村民请教，后来村民的一句话引起了我的思考。村民说："在我们这个地方生态良好，什么都能种，但是种什么都很难种得好。"随后不久，我从刚毕业回乡的大学生那听闻道："自家种的玉米，肥料施得也不少，但长期以来收成却比较低。"对此，我们联系了耿马县

◆图133　驻村工作队员清理道路上的塌方淤泥

◆图134　村民参加清理塌方淤泥

◆图135　为村民家搭建临时帐篷

土肥站，查看了龚家寨村以前的土壤抽样检测数据，并把在雨季和旱季采集到的土样拿到临沧市土肥站检测，经土样测试土壤的pH值分别为4.48和4.49，已呈强酸性。在驻村期间我观察到，村民在种植作物前，普遍会先放火烧地，这种“刀耕火种”的种植方式在一定程度上改善了土壤的酸碱度。还有一个很显著的现象是雨后很难嗅到泥土的芳香，由此推断土壤中由于缺乏微生物，难以充分将施用的肥料转化为作物能够利用的营养成分，这是导致作物长势不好的另一个原因，但土壤沙化漏肥问题，才是使得农民付出的辛劳付诸东流的主要原因。

俗话说：“要想富，先修路。”经过多年的脱贫攻坚工作，当地的道路已经得到全面硬化，县乡、乡村、村组道路都已经畅通，同时，龚家寨与其东北方向的南美乡的道路已修通，道路硬化也即将完成，通过南美乡到临沧市首府临翔区比到耿马县还要方便许多。因此，尽管道路弯曲，但已经

◆图136　返村途中遇山体滑坡

◆图137　返村途中遇道路塌陷

不再是限制当地发展的主要因素。展望未来，产业要兴旺，不得不依赖当地种植业和养殖业的发展，但归根到底离不开肥沃的土地。

因此，在驻村三个多月的时间里，我对龚家寨村经济发展中存在的问题有了一些自己的认识。我认为，龚家寨村特有的高寒山区立体气候适宜多种作物生长与土壤沙化漏肥导致作物难以茁壮生长之间的矛盾是制约当地农业发展的主要因素之一。

老天并没有因为我找到了当地农业生产发展存在的问题而网开一面，雨仍然在下，从4月份一直下到11月份。在此期间，山体滑坡、道路塌陷就没有停歇过。

8月8日，我和同事到乡上办事，在返回村上的24公里道路上我们换乘三辆车。从乡政府出来没多久，便遭遇山体滑坡，一农户家靠近路边的猪舍和泥土一起滑了下来，把道路给堵了。大兴乡党委书记从龚家寨村回乡上的途中遇上塌方，并安排人员疏通道路，看到我们从乡上过来便安排司机送我们先回村，可没开出多远，只见前方的水泥路面又出现严重塌落，我们不得不下车步行回去。幸运的是，从村上出来的施工车辆司机看到前面的道路暂时无法通过，就先把我们送回村委会。

◆图138　“牺牲”了一只凉拖

◆图139　返村途中再遇山体滑坡

9月1日，我搭同事的车从昆明返回村上的途中，距离村委会大约50公里的山路上遇到了十多处障碍。其中至少有四次树木滑落阻塞了道路，我们都想办法克服了；有三次泥土滑落铺满道路，第一、二次我们顺利通过，第三次车辆就陷在泥潭里，导致主驾驶位的门都无法打开，后来幸好有村民骑摩托经过，才一起把车辆推出了泥潭，不过我的一只鞋子在推车过程中消失在泥潭里了。我们到最近的村委会休息了一个中午，大概下午3点，接着赶路，不巧的是，刚开出三四公里，我们就目睹了路边发生山体滑坡的整个过程，道路也因山体滑坡被堵断了，直到晚上8点方才疏通，而滑坡处正在我们上午清洗身上淤泥的沟渠上方，我们被吓出一身冷汗。

几乎每一次出行，都或多或少会遇到山体滑坡、路面损坏的情况，这让我对当初老队员所说的“龚家寨路难行”的话确信不疑了，而且还有了更深的体会，其实脱贫攻坚的道路并不平坦。

（廖承菌）

建盖鸡舍

龚家寨村山势险峻，谷深坡陡，高差大，平均海拔约2000米，所特有的山区立体气候适宜多种植物生长，但年平均1600毫米的充沛降雨量与当地砂质土壤的共同作用，可以很快将村民施用到田地里的肥料洗劫一空，留下贫瘠的土地。在这样的环境条件下，诸如客土掺泥、增施有机肥、筑堤防冲等改良砂质土壤的传统措施，想必很难在当地的土地上取得实质性成效，经济上也缺乏可行性。另一方面，龚家寨村居住着勤劳朴实的拉祜族群众，他们在面对新事物和较大改变时会表现出“懒惰”的一面，这样的情况在当地汉族村民身上也普遍存在。

通过实地考察，了解到龚家寨村家家烧火塘，户户散养鸡，村民对利用木炭烧火和孵养鸡的技术非常熟悉，我们将木炭烧火和养鸡两方面的技术进行整合，计划向学校申请题目为《生物质炭辅助鸡养殖改良砂质土壤实验与示范》校级科研课题，由学校资助一万元科研经费。

随后我们一边提交项目申报材料，一边开展相关研究工作。考虑到当地农户在自家附近养鸡容易发生鸡瘟的实际情况，我们特意选取了一块离村民居住区域有一定距离的地块作为实验场地。我们丈量了地块面积并确定了鸡舍建盖的位置，并对鸡舍建盖的规模、工期、费用等进行了规划和预算。

很快项目就获批了，但是新的问题来了。建盖鸡舍需要的空心砖、水泥、砂石、石棉瓦、木料、围网等材料，售卖点开不出发票，也没有POS机可以刷公务卡。看着批下来的经费用不了，确实有点尴尬。计算了一下，购买木料大约需要4000元，原本想自己花钱买材料，但仔细一想这么多钱都快赶上自己一个月工资了，要是一次性花这么多钱，确实会影响到家里面的正常开支。怎么办呢？如果一个月只花1000元，那就不会对家庭开支产生太大影响，于是向三名驻村工作的同事每人借了1000元，然后每个月还给他们1000元。就这样把钱筹集起来并购买了材料。

材料拉到农户家后，我们便开始找人把这些材料搬到建盖鸡舍的地里去，找了一个又一个，付钱都没人愿意干。因为从堆放材料处到建鸡舍的位置，大约要走300米的路程，中途有大约100米的陡坡。看着没人愿意做，我们便开始想各种办法，曾想过用马来搬运材料，或者用木板搭建滑道运送材料，但最后都因为办法不可行，放弃了这些想法。于是，我们只有自己动手搬砖，一个人每次搬一块，实际上空心砖并不像它的名字那么轻便，一块空心砖足足有22公斤。一个上午，我们三个人仅仅搬了八块空心砖。回到村委会后，我们商量出了搬运的新办法，决定用竹子和绳子做成扁担来挑，以增加搬运效率。几天以后，我们用做好的扁担尝试挑砖，两人一起一次挑两块砖，确实比一个人一次搬一块砖要轻松一些，不过才挑了两趟，肩膀就磨破了。搞了一个下午，大家都认为该方法还是行不通，毕竟有400块空心砖，再算上其他材料，搬运的工作量着实大得有点吓人。

◆图140　骑电三轮去“偷石头”

◆图141　挑大砖

至此，我们停止了搬运工作，继续骑着电三轮去沟边运石头，为砌堡坎准备石料。过了一段时间，眼看石头也拉得差不多了，之前遇到的材料搬运问题再次摆在了我们的面前。看来这个坎还是跨不过去。于是，我们在入户走访时，把这一问题告诉访问的农户，看他们是否有过同样的经历，也好给我们点启发。问了很多村民，他们都觉得很难，除了靠人一块一块搬外，没有其他更好的办法。建盖鸡舍地块的主人甚至跟我们开玩笑说："请你们单位来修条马路，就可以用车一次性运过去了。"恰好这个玩笑话，启发了我们，我们决定修一条路搬运材料。

我说："恰好村委会有一辆小手推车。我们就修一条能供小推车走的路吧。"通过实地勘察，我们对通往鸡舍位置的小路适当加宽，把陡坡路段修平，以满足用小推车来回转运材料的需要，从而节省劳动力，提高搬运效率。我们用了三个白天一个晚上的时间把路给修好了。意料之外的是这里的土一点也不难挖，因为土质很疏松。这个状况更坚定了我们对龚家寨村土壤情况的判断。

◆图142 修路

也正因为土质太疏松，道路修好后，手推车来回跑了三四趟，道路就被碾压坏了，车轮经常深陷泥土中推车无法前行。我们不得不停下来，再次修整路面。每天要反反复复修几次，才能完成当天预计的工作量。眼看这样下去，难以保证如期完成鸡舍的建设，大家都很着急。大家商量认为，这样确实不是个办法。后来我们找来了废弃的红砖，将其铺在松软和容易塌陷的地方，之后运输就变得顺畅多了。

就这样，一趟又一趟的搬运材料。其间，手推车坏了又修，修了

◆图143　手推车运大砖

◆图144　修理手推车

又坏，用坏了一辆，又换了一辆新的，前后花了3个多月的时间，才把全部材料运到建筑鸡舍的位置上。

正在我们因挖地基和基槽陷入疲惫的时候，村上的一个初中毕业的男孩跑来说想和我们一起干，这让我们感到非常吃惊。原来他家就在我们拉石头必经的上坡路段的旁边不远处。有一天他看到了我们骑电三轮拉石头，在上坡的时候三轮车因前轻后重，前轮离地悬空，立了起来。这个场景使他觉得我们工作队做得事情太“刺激”了，他想和我们一起干，但又不好意思告诉我们，有些内向的他今天突然出现恐怕是由于憋不住了。我们对他的加入表示欢迎。到此，我们的队伍从3个人增加为4个人。在鸡舍建盖中才发现沙石和水泥都不够用，准备去采购时，一家建档立卡贫困户伸出了援手，免费援助了部分沙石

◆图145　建设中的地基

◆图146　即将砌好的地基

和水泥，才使得鸡舍建盖得以顺利完成。

由于我们都没有砌过空心砖，谁也不敢轻易动手。我们只好请来了村上这方面的技术能手——龚家寨村龚家寨组的组长。没想到我们盖鸡舍的事，已经为许多村民所知。他很乐意地答应免费帮我们，在他的帮助下，我们一起用了3天时间就把鸡舍建起来了。但又有一个问题摆在了我们面前，就是用于放置石棉瓦的五根木料去哪弄呢？如果没有现成的，刚砍下来的木料也用不了呀？我们开始挨家挨户地向农户询问。最后，我们步行三四公里的山路来到了一家农户的老宅，门口放着四根现成的木料。经过一番简单讨价还价，村民要价从100元一根变成总共只要30元。结果，当我们把木头的用处告诉他后，他很支持我们的工作，居然将4根木头免费送给了我们。我心里想：“好吧，村民都免费送了，今天要是拿不回去恐怕是说不过去吧。”我们硬着头皮把4根木头扛到了鸡舍位置。加上鸡舍地块主人家还有一根木料，总算是凑齐了5根木料。

◆图147　村民帮忙搬运木料

◆图148　建盖中的鸡舍

◆图149　鸡舍落成时队员们的合影

◆图150　申报到的专利书

一转眼，从2018年5月到11月，鸡舍建盖好了。我借同事的钱也还清了。

鸡舍建盖好后，一建档立卡户在我们建盖的鸡舍上饲养了多批土鸡，取得了较好的经济效益。之后，他又在此基础上新建了规模更大的鸡舍发展养殖。我们之前修建的通往鸡舍位置的土路也被农户进一步加宽、加固，现在路面宽度可以够一辆三轮摩托行驶通过。

我们通过鸡舍展开实验，完成了《生物质炭辅助鸡养殖改良砂质土壤实验与示范》科研课题的研究，还申请了实用型专利“一种生物质炭辅助鸡养殖改良高海拔土壤的系统”，并获得了专利授权。

（廖承菌、赵梓敬、段晓华、王琼、罗红书、李福志）

新叶坊

耿马县大兴乡龚家寨村地处耿马县东北部，紧邻双江，背靠茶叶重镇冰岛镇，因此，有人把龚家寨村的茶叶称为“冰岛皇后”。根据我们驻村工作队入户统计，除采摘鲜叶出售的村民外，有20余户村民家里建有茶叶加工作坊，每户年产干茶几十公斤到一吨以上不等。茶叶已经成为当地村民主要的经济收入来源之一。

龚家寨村依托外来企业，成立了茶叶专业合作社，参照冰岛茶开始着手打造自己的茶叶品牌“火山茶”。

李福志是龚家寨村一建档立卡户李朝新的儿子，他在家排行老二。小李在“火山茶”合作社办公楼下方有一块近一亩的土地，已经被他平整出来。他向我介绍了这块土地的使用规划，他希望将来在上面建一个茶叶初加工作坊，做点手工茶，同时盖一栋两层楼的住宅。

“那你的茶叶加工作坊要建成什么样子呢？”我问道。

“我打算像‘火山茶’一样，建个玻璃金属结构的房子，而且也带个观景台，搁一个大大的茶盘，一边品茶，一边看风景。”小李满怀憧憬地说。

我爱人学的专业是环境艺术设计，研究方向为环境艺术设计。在我下乡前一年，她便在老驻村队员帮助下拟定了以龚家寨村拉祜族传统建筑为题材的毕业作品设计方案。此次，我作为驻村队员下来工作，便在走村入户工作的过程中，到龚家寨村下辖的户南拉祜族老寨拍摄了大量的民居图片供她参考。我入户走访中了解到，户南属于易地搬迁脱贫村寨，村民们享受国家“补四带六”政策，他们将要从老寨搬迁至对面的半山腰处政府为他们建盖的砖混结构住房的新寨。新寨建成后，老寨将会被拆除，户南的拉祜族村民就不可能再回竹结构的房子住。我爱人给新叶坊进行设计的工作也因之停了下来。

与此同时，小李那边也出了点状况。起初对未来满怀憧憬的小李，开始变得有些气馁。因为他向“火山茶”老板详细了解后得知，“火山茶”的玻璃金属结构房子，仅仅材料就花了十多万元。要筹集到这笔钱对他来说是一个难以跨越的鸿沟。

想到老寨后面将要被拆除，着实有些令人感到遗憾。为了能体验一下拉祜族传统民居建筑，我和小李去户南老寨住了一宿。小李虽然出生在龚家寨村，从小到大也来过户南很多次，但从来没有夜宿过拉祜族民居，没想到此次夜宿体验让小李大赞拉祜族民居，甚至住着都不想走了。我也是如此，夜宿拉祜族民居也是第一次，着实感觉很新鲜，几次和我爱人视频通话，让我爱人知道我的居住感受，同时让她“隔空体验”一下拉祜族民居的魅力。碰巧这次体验的经历给我爱人提供了些许设计灵感，她十分感兴趣。我按她的要求拍摄了许多拉祜族民居的照片，能测量的都测量了，还收集了不少数据。

回到村委会后，小李似乎因这次体验心中又开始燃起了建盖茶叶加工作坊的希望，又向我讨论起茶叶加工作坊办理营业执照的事情，并向我出好几个茶叶加工作坊的名称，征求我的意见，希望从中挑选一个作为未来茶叶加工作坊的名称。从他给出的名称可以看出，他很想发展茶叶加工业，因为所有给出的名称中都基本上包含有“生态、古树茶、手工茶”等关键词。不过正因为如此，每个名称都取得吓人，于是被我当场否定了，并建议他还是应该好好斟酌一下，并许诺帮助他取一个叫得响的好名字。

其实，当时许诺帮助他取一个好名字，只是考虑到我把他提出的名称全给否定了，同时怕打消他心中再次燃起的希望。可没想到的是之后他基本上天天缠着我，询问给茶叶作坊取名的事。大概两个周后，我们再次去到茶地时，我突然想到了一个合适的名称——“新叶坊”。我便向小李解释道：“村民摘茶叶摘的不是整个茶树的叶子，而是枝头冒出的新叶，你要做得是茶叶的初加工，搞的是手工作坊，新叶坊便是茶叶加工作坊的意思，而且这个名字听起来清新好记。”小李听后，眼睛一亮。他激动地说道：“就叫新叶坊吧！”我们当场

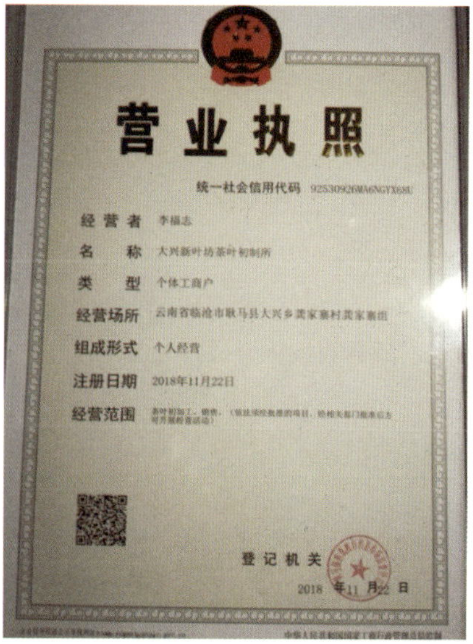

◆图151　新叶坊茶叶初制所营业执照

又在“新叶坊”名字的基础上讨论出了“馨叶坊、新叶阁、新叶斋”等名称，这么多个名称提出来了，但没有最后确定。不久后的一天晚上，我们在走村入户时，在一户村民家中品尝到了野茶，引起我们注意的不是它的味道而是它的加工方式，据村民介绍，野茶采来后没有炒青，而是自然风干。于是我对小李说道：“你的茶叶作坊有个好名字还不行，一定要有自己的技术，不断创新才能长久，茶叶免炒便是一个很好启示。因此，我想在你的茶叶作坊的名称上寄予创新的含义，你的茶叶作坊就叫‘新叶坊’。”没过多久，小李便用“新叶坊”的名称办下了茶叶初制所的营业执照，我把这个好消息也告诉了我爱人，让她考虑为小李茶叶初制所出一个设计构想图。

很快，我爱人便开始了以“新叶坊”为题的设计创作。她将龚家寨拉祜族民居与茶叶产业有机结合，从而赋予了拉祜族民居更多新的功用，使即将拆除的拉祜族民居得以在茶叶产业发展中焕发新的光彩。小李看到我爱人设计图纸上的“新叶坊”后，非常满意，因为

◆图152　茶叶初制所地块全貌

◆图153 “新叶坊”设计效果图

“新叶坊”的设计构想，不仅有创意，体现了拉祜族民居的特有风格，而且需要投入的钱不多，很符合他的经济条件。

没过多久，小李已经准备好了石料，挖好了砌筑堡坎的基础，做好了地平整理，等资金筹集够了就开始建造。我和我爱人都非常希望不久的将来能看到由设计蓝图变为现实的“新叶坊”。

（廖承菌、唐丽群、赵梓敬、段晓华、李福志）

赴约那卡爬

我和小赵分别负责龚家寨组和黄地基组扶贫点联系工作，而小段负责拉祜族集聚村寨那卡爬组。那卡爬坐落在龚家寨对面的山坡上，从龚家寨到那卡爬大约有11公里的路程。我和小赵一直想着有时间约小段去一趟那卡爬。

“小段，你叫下小廖和小赵，待会一起去我亲家那边吃饭。”这时小段单位的领导夏主任刚驱车从耿马县城赶到龚家寨村委会。

“你们夏主任的亲家是在哪个组？”小赵急忙问道。

“那卡爬。”小段干脆地应道，“走吧，一起去吧。”

“廖老师，这下可以去那卡爬转一转，来了这么长时间都还没去过。”小赵急忙说道。

“走！晚上比较凉，都带上外衣嘎！”我说道。

大家便拿着外衣一起出了宿舍，顺着楼梯一滑而下，钻进了夏主任的小车，小李看到了也跟着上了车。

开车才到村口便遇到两波放牧的村民，一波放羊，一波放猪，夏主任始终没有鸣笛，慢慢地跟在牲畜后面，等牧畜缓缓通过后，夏主任突然停下车并摇下车窗问道：“太阳还没下山，就要赶回去呢？”村民应声道：“马上要下雨咯。”夏主任听后马上踩了一脚油门，车速一下就提了起来。绕过了几段弯道，小车挡风玻璃的雨刮便来回摆动了起来。随着摆动的频率也越来越快，车速也被迫降了下来。不一会儿我们驶到了一处必经的塌方路段，晴天这儿尘土飞扬，此时已泥泞不堪。“坐好咯，这种路段要用低速挡，慢慢通过。”老司机边说边操控着，一下把我们带回到了学车时的训练场景。

不料一会儿老司机就尴尬了，车顿时停了下来，轮子原地打转，同时车里飘来了焦臭味，接着发动机停了下来。“哎呀，离合器烧

◆图154　坍塌路段

了。”夏主任身子向后一靠，双手拍在方向盘上说道。夏主任一边说着一边又起动了几次，可车还是原地打滑。此时，副驾驶方向的山坡上有泥土和小颗颗的碎石滚落下来，且不时敲打着车门板。就在此时，我和小赵还有小段不约而同地跳下了车，从车后面用力推车，前轮旋转溅起的泥水打在我们身上，我们于是用外衣套在头上，一股脑地向前用力，最终将车推出了泥潭。

“不要紧的，快上车。”夏主任喊道。我们带着满身的泥水上了车，但考虑到就这样去村民家吃饭不太好，于是我们在途中停了下来，到路边的溪流边进行清洗处理。赶到村民家时，夏主任手机显示了9个未接电话，全是夏主任的亲家拨打的。

在夏主任亲家的邀请下，我们三个穿着裤衩光着脚围坐在火塘旁，大家一起“共进晚餐”。男主人很热情地给我们添饭夹菜，饭菜丰盛合口，牛、羊、鸡、猪肉一应俱全，还做了各种野菜。女主人则一直坐在火塘边给我们烘烤湿透的衣物。我们虽远离家人，但在这感到了家的温暖。饭桌上，夏主任的亲家一直在感谢我们驻村工作队，说党和国家的政策好。

◆图155　在赴约的村民家火塘边烤火

夏主任的亲家对我们的如此认可，必然与夏主任的一贯作风是分不开的，即一旦答应了村民的邀请就决不爽约。

（廖承菌、夏照林、赵梓敬、段晓华、李福志）

深夜调解村民冲突

5月的一个周末，我独自留守村委会，自己做了点晚饭吃。饭后看时间不早便锁上村委会大门。晚上11点左右，刚洗漱完，就听到大门外有人边在敲村委会的大门，我赶忙出去打开大门，只见一名妇女带着一个小女孩站在门口。

“这么晚有什么事吗？”我问道。

妇女焦急地说了一大堆话，可我什么也没听懂。

“你是拉祜族吗？”我又问道。

“额额……”妇女不住地点头表示，她是听懂了。

“你现在带着孩子来是找支书还是主任？他们都出去办事了，明天下午才回来呢。”我说道。

妇女急忙摇头，又听懂了。她手朝身体的右后方指去，大概是指她家吧，我猜。她又说了一堆我听不懂的话。

此时，妇女带在身边的小女孩引起了我的注意。

“小朋友，你上学了吗？”我问小女孩。

“上二年级。”小姑娘很干脆地回答道。

“你妈妈带你来村委会有什么事呀。”

“洗衣机被砸了。”小姑娘回答道。

“洗衣机被砸坏了？”这和村委会有什么关系吗？我心中在想这到底是什么情况。

我又仔细打量了一下小姑娘，问道，“你家是——”我悄悄对她说，“嗯？”

“是。”小姑娘回答道，妇女听到也在一旁不停地点头。

我让她娘俩进到村委会办公室坐了下来，仔细了解了一下情况。

原来小姑娘的叔叔喝酒后去他家找她爹聊天，说着说着，几句话不对味就闹起来了，顺手就把洗衣机给砸了，她娘俩担心两兄弟会打起来，就来村委会找人去劝解。

弄清楚情况后，我便给住小姑娘家最近的一个村民打电话，请他先去看一下情况，我们随后就赶到。没料到我打完电话便开始纠结了。因为那个村民在电话里极力劝我不要去，说去了也白去，你管不过来。因为在村上这样的事太多了，让他们闹吧，闹够了也就完事了，没有什么大不了的。可是，如果不去，该如何和这娘俩说呢？村委会又没人，到哪里找人呢？这些问题反复在我脑海里出现。

对了，村子里都是乡里乡亲的，把她家的亲戚叫上应该是一个不错的办法，我盘算着。

“小姑娘，你跟你妈妈说，让你妈妈现在就带你回去，叫上几个亲戚到你家等着。”我对小姑娘说道，“我一会就去你家找你们。”

小姑娘上过学，好沟通。我说完后，她娘俩便很快起身离开了村委会，我也松了口气。

娘俩刚离开，我便叫上村委会门口一家村民的儿子一起赶了过去。

刚走到小姑娘家下面，就听到了吵闹的声音，一浪高过一浪。刚跨进小姑娘家，只见一个男子用手指着另一个男子吼叫，我也听不懂。

“他们都是？”我向小姑娘问道。

“都是我家亲戚，这个是我……叔叔。”小姑娘站在她爹一边战战兢兢地向我介绍，差一点没有哭出来。

我这一问便打断了他们兄弟俩的争吵，他们看到村上的“干部”来了，都不作声，一下平静了许多。

想着村民之前的告诫，我都没有敢正视小姑娘一眼。

“过来……玩啊。”一股呛人的酒气扑面而来，我还没有看清，小姑娘的叔叔一身酒气地贴到了我的身旁，摇摇晃晃，差点把我弄倒。人都站不稳，还跟我套近乎，把我吓出一身冷汗，我赶紧扶住他。

我定眼一看，这不正是一个月前在村口拿大碗请我喝岩蜜的伙子嘛。我脑子在想。

“你记性……好，是呢是呢。”小姑娘的叔叔说道。

“本想白天过来你哥家坐坐，可没想到白天没能来，晚上倒来了。”大半夜的，我压着心里的怒火，装成十分亲切的样子对他说，一边示意旁边的人和我一起把他扶到墙边的靠椅上坐下。

“廖……老师，啥……时候都能来。”小姑娘的叔叔说道，“我……哥家，就是我家嘎。”他话都快要说不清了。

“今天晚上就是专门来看你的。没有喝多吧。”我不厌烦地反问了一句，“白天也不见你和你哥吵架嘛，听说你还把洗衣机砸了？”

“呵呵，喝是喝了一点，喝得不多。”小姑娘的叔叔说，“他比我多二……”小姑娘的叔叔指着他哥说，“有本事……我们……干一碗。”他想站起来，又瘫坐下去。

“有什么不能好好说的。”我轻声而低沉地训斥道，“你看在座的都是亲戚，还有那么多朋友，你都当叔叔的人了。”

“对呢，廖……老师说的，是呢，是呢。”小姑娘的叔叔皮笑肉不笑地说。

“我看你和你哥关系都挺好的嘛。”我看他们还是听我的，“有什么不能商量的，有话好好说。”于是，我提高了嗓音说道。

在场的人也不吭气，你看看我，我看看你，好像被我镇住了，只有小姑娘眼里充满了泪水。

不记得是谁递过来一杯茶水，我喝了几口。我们坐了一会，闲吹了一会儿，各打几板子，又说了些大道理。看他哥俩缓和下来，也没有再扯了，我便叫上同伴回村委会。这时，已是夜里1点多了。睡下后翻来覆去一直睡不着，朦朦胧胧一直到天亮。

喝酒引发口舌之争是村子里常有的事。张家的猪啃了李家的菜，王家的牛踩了陈家的地，免不了起争吵。特别在喝了酒之后，借着酒劲就更加容易冲动，甚至会大打出手，第二天酒醒后又都后悔了，反正都是些鸡毛蒜皮的事，说开了也就没事了。

（廖承菌）

参加出殡仪式

2019年9月14日，按照事先和村民的约定，凌晨5点我便早早从村委会步行赶到村民龚海仙家，参加她父亲的出殡仪式。

和主人家打了招呼，寒暄几句后，应主人邀请甩了碗米线。我来参加此次出殡仪式，代表的是龚家寨驻村工作队的5名队员，我们能为出殡做些什么呢？

突然，一个村民抬着一个木桶走进了灵堂，并吆喝着已故老人的子女亲戚进去，我于是凑了过去，只见村民把木桶放在棺材盖板上，伸手从木桶里掏了把糯米饭，又用手捏成团递给每一个进入灵堂的人，大家小心接过糯米团吃了下去。

“啪”的一声从灵堂传来了出来，似乎是摔酒碗的声音。一个上了年纪的老人家喊道：“抬起来，不能落地。”4个成年男子应声把棺材抬了起来，朝向灵堂外走了出来。老人家接着喊道：“凳子，凳子，端出去”。我和一个村民站在门口已久，离凳子最近，于是，马上走进灵堂，及时把条凳抬了出来，塞在棺材下面。

此时，棺材安放在院子中央，人群都围在棺材的周边，几个手法熟练的村民很快便在棺材上捆上了麻绳，插上了竹竿。主事的老人此时喊道：“先来八个人。”身边的几个村民应声扛起了竹竿，我也就加入了“八大金刚”的行列。

起初的一段路，也就是从院子里到入户道路和村组道路的岔路口处，孝子们跪了一路，我们抬着棺材从孝子们身体上方走过，孝子们都很孝顺，没有一个碰到棺材，我们“八大金刚”也很小心，生怕踩到孝子们的手，一步一步地走了过去。

到了岔路口，一个村民走到我身边说道：“廖老师，你们抬不习惯这个，还是我来吧。”老乡来得太及时了。也许是紧张，也许从没有干过这种活计吧，我确实感到肩膀疼痛，需要休息一下。我被换下来后，我便跟着送葬的人群尾随在“八大金刚”后面。

“不行呀，就抬了一段，怎么说我也是代表5个工作队员来的吧，也得抬5段吧。”于是，我加快步伐走到“八大金刚”旁边，正好队伍又停下来轮换人，于是我第二次扛起了竹竿。就这样，交替扛了5段。中间的3段还好，路比较平整，都是水泥硬化路面，可最后一段是爬山，走的是上坡的山路。

由于山路坑洼，雨水还积在泥坑里，所以刚上山的一段，大家为了避免踩进水坑和稀泥巴，要么快速移动脚步，要么不停地跨越，多股力量在“八大金刚”间相互传递，一会就消耗了不少体力。不是我腿力不支，而是因肩膀疼得厉害，疼得就快蹲下去了，又不好意思说。因此，大概不到一半的山路，又被老乡换了下来。

被换下来后，我紧跟在“八大金刚”后面，此时，龚家寨组熊组长引起了我的注意，他走在最前面。最后一段路是山路，路面极不平整，熊组长和其他大部分村民一样穿着一双鞋底比较薄的拖鞋，可以看出，他们脚力很好，但不同的是一直抬到坟地的他都未曾有意挑选好一点的路走，遇到水潭就用脚躺过去，遇到泥坑也毫不犹豫地踏过去。

到了坟地，只见他用路边的杂草把脚上的水擦了擦，此时我迎上去问道：“熊叔，其他村民都绕着走，你为什么不避开那些水潭泥坑呀？”他笑了笑说道：“绕着走，棺材落地就不好了，就不吉利了，嘿嘿。”

听完后我向他笑了笑，便走到了一边，蹲坐下来，望向远处云雾缭绕的大山沉思了起来。

“哎呀，熊叔的做法才是正确的，我们都错了，都错了。”我心中很是懊恼，因为走了差不多22里的路程，在路上遇到水坑、泥塘还有因塌方堆积了石土的道路，我们都在绕开走，一个个像喝醉酒似的摇摇晃晃、高一脚低一脚地抬着棺材艰难地前行，都怕踩到稀泥和泥水，难怪那么累。

“八大金刚”身负重担，但注意力并没有聚焦在棺材上，每次遇到障碍，大家既要各顾各的脚，又要注意棺材的平衡，但始终坚持前行。也可能是捆绳子的师傅捆得好，也因大家齐心协力，在前行的过程中，虽然棺材大尺度的摇摆，但始终都扛在大家的肩上，直到终点也没有落过地，哪怕有的人脚扭到、崴伤了，他们也不会吭声。我头一次经历这样的事，但他们的默默付出，让我佩服不已。今天的经历，或许会成为历史的一幕，定格在人们的心里。

◆图156　坟前的山景

眼前情景令我想起了《弟子规》：“丧尽礼，祭尽诚，事死者，如事生”，“事诸父，如事父，事诸兄，如事兄。”熊组长的做法就是对上述“规约”的落实吗？虽然安放在棺材里的老人并不是他的父亲也不是他的亲人，但他把已故的乡亲当作自己的亲人一样来对待。或许他并不了解《弟子规》里有这么一说，但龚家寨村的出殡仪式本身已饱含了中华民族孝道文化。

最后，我要说的是，我们应结合脱贫攻坚工作，积极推进殡葬改革，促进社会主义精神文明建设、促进移风易俗、促进社会文明进步；弘扬社会主义核心价值观，弘扬慎终追远、敬老孝亲、厚养薄葬之风。要破除旧的丧葬习俗，倡导文明、节俭办丧事，制止大操大办。要积极推广节地生态葬法，减少殡葬活动对资源的消耗和对环境的破坏。在暂时还不具备火葬条件的地方，按照有利于发展生产建设的原则，由当地政府统一规划土葬用地，利用荒山瘠地建立公墓，满足殡葬改革的需要，最终实现完全用火葬代替土葬。

（廖承菌、龚海仙、彭柳军）

被狗咬了

2019年10月21日下午吃完晚饭，我从村委会新住地去村民龚来顺家。没有走多远，正巧碰上龚来顺的儿子龚愿孙在路边的一户村民家串门子。

“小龚，”我对他说，“我要去找你爹。”话音刚落，他上来就拉着我陪他玩了一把台球，然后才坐上他的车回到他父亲家。

说起龚来顺，他的钻研精神令我印象深刻。他家房前的坡地上种着各种东西，近乎一座植物园。里面不仅种植着玉米、青菜、蒜苗等常见的农作物，还种植了七叶一枝花、石头菜、光棍菜、水芹菜、甜多依、白藤果等特色作物。

据龚来顺介绍，房屋前面的山坡地原本土地很贫瘠，土中还掺杂许多砂石，是自己把砂石一点点挖走，然后往坡地里施入了大量的畜禽粪便，才逐渐改变了土地原本贫瘠的状况。后来，他带着儿子龚愿孙在坡地上种上了玉米、土豆等农作物。善于钻研的龚来顺，先后在这片坡地上种植了中药材、野菜和野果，最终形成了今天这番植物园般的景象。

正是他的钻研的精神引起了我们驻村工作队的注意。作为驻村工作队的一员，我对他们家的白藤果甚是好奇，不知道这种果子究竟长什么样子？为此，我基本上每个月都要上去他家一次，但每次去都还没到挂果时节，只能看一看藤子罢了。到了10月中下旬，根据龚来顺的介绍，估摸着应该挂果了，于是带着期盼来到了他家。

不过这一次来他家发生了点意外。龚愿孙把车停在他家门口，我刚下车，他家的两只一黑一白大狗便向我扑了过来，我下意识地向后退，并慌忙地叫龚愿孙。他喊了一声并向我走了过来，把一黑一白两条狗轰走后，告诉我说两只狗不咬人。于是，我放下了戒备，随他进屋。令我没想到的是，也更令他没料到的是，狗不知什么时候返了回来，我刚抬起左脚向门槛跨去，左大腿下面便被大黑狗狠狠地咬了一口，然后听到啪的一声，灯草绒面料的裤子被咬了三个窟窿。

他家里人从房间里赶出来，非常着急，急忙给我涂抹药酒消毒。但我此时还想着白藤果，于是问道：“白藤果呢？”龚来顺愣了一下说：“今年没有见结果，估计等看明年才会有呢，到时候我给你弄点带回去吃。这个狗不能养了，明天就宰了。”

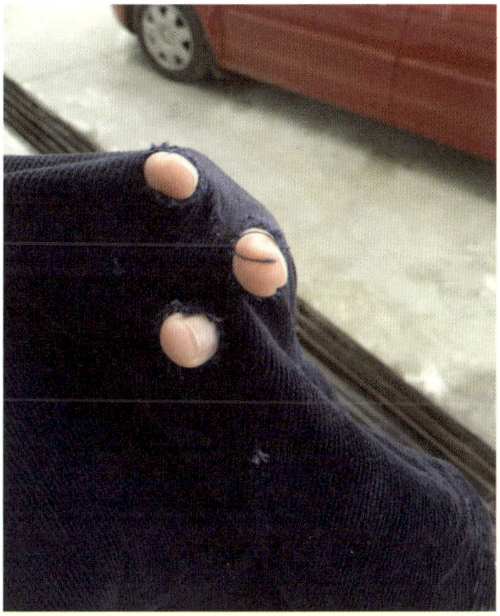

◆图157　被狗咬破的裤子

而后我用手捂着伤口，忍着疼痛，被驻村工作队长蔡老师和龚愿孙送到乡上卫生院清理伤口，注射狂犬疫苗。由于狂犬疫苗要分时段注射5针，之后的4针由龚愿孙送我到乡上注射。没想到在注射第三针疫苗时，恰逢乡街，并在乡街上遇见了期盼已久的白藤果。龚愿孙按我的建议在乡街上买了条铁链子，有人去家里就把狗给拴起来，以免再次伤人。

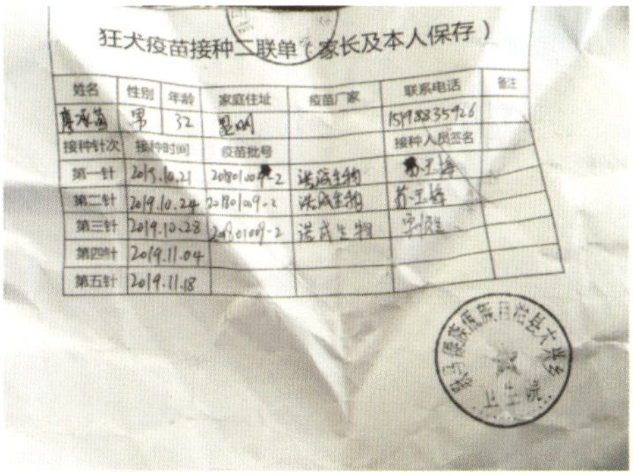

◆图158　狂犬疫苗接种卡

其实，早在半年前，在去村民家核查人口变动情况时被农户熊兆松家的狗袭击过一次，咬了一下我右小腿，只是那次的狗比较小，并无大碍。但此次让我亲身体验到被狗咬伤的滋味。

10月21日、10月24日、10月28日、11月4日、11月18日是每次从村上去乡上注射疫苗的时间。每次行驶在从村上到乡上的崎岖山路上，

◆图159　罗宇鹏（靠内侧）乡长帮助车辆脱困

◆图160　黄富金队长在扶贫路上发生交通事故

都会令我想起脱贫攻坚道路上的同志。这条道路上有“光荣”了的大兴乡乡长罗宇鹏，还有发生过“交通事故”的我校第一任驻村书记黄富金、龚家寨村前任支书李传新、龚家寨村主任李国芬。

（廖承菌、蔡东、赵衡、李国芬）

第五篇 驻村乐趣

偶尔游走在这些曾经留下的老路上，不仅是一次领略自然风光的旅行，更是一次"忆苦思甜"的自我教育和自我激励。

自制木人桩

小赵，当过六年兵，退役刚到学校工作就赶上了驻村脱贫攻坚。他平时酷爱健身，练得一身结实的肌肉，而我喜欢跑步和武术。龚家寨村是一个远离城市的山村，无任何休闲娱乐设施，驻村工作之外的娱乐除了工作就是工作。为了丰富业余生活，我俩决定自己制作一个木人桩练习咏春拳，增加点生活乐趣。

我们从网上搜索到了附有详细尺寸的木人桩制作图纸。从图纸标注可以看出桩身和桩脚所用的木料都比较难弄的。圆柱体桩身需要一棵树干直径20厘米以上并且笔直的树才能做得出，但这样的树并不好找。桩脚对形状要求更高，木料要有一定角度的弯曲。

我们把制作木人桩的想法告诉了村上的小龚，小龚便带我们到他家的林地里寻找合适的树木。真是林子大了什么树都有，一到林地就找到了一棵适合制作桩身的大树，然后干了一次“光头强”的活计。伐木的活计可真不好干，我俩花了半个多小时的时间，锯子都快被用废了，也才锯过树干中心，但树还在那里好好地站立着。小龚实在看不下去了，拿起刀另起一个下刀的位置，只用了几分钟就把树给砍倒了。我俩接过小龚的砍刀决定将我们需要的部分砍下来，没想到的是几个来回下来，只砍破一点树皮，又费了不少劲，才砍进树干一寸多，仔细看看，砍刀的刀刃都因我俩的蛮力给弄卷边了。小龚又看不下去了，拿起刀来，三下五除二的功夫就把我们要的部分给砍了下来。

为了确保后面好加工，砍下来的树干我们有意放宽了尺寸。可没料想到2米多长、20多厘米直径宽的一截木料，竟然需要我们三个人才能够抬起来。费了好大气力，我们才把这截木料抬到山路边。正在我俩商量着准备回村委会搬救兵时，小龚已从附近的树上找来了几根藤条，我们就用藤条把这截木料拉到了村委会。尽管藤条在途中多次磨断，好在小龚找来的藤条足够长。

◆图161　就地取材用藤条拉运木头

木头在村委会放了一段时间后，我们便开始对其进行加工。木头放置一段时间后，水分已经散失不少，两个人就可以将其抬起，但树皮变得难以剥离。我们按照图纸的要求，东凿凿，西切切，断断续续花了一个半月的时间，才自制成属于我们的木人桩。

按图纸所示，底座和桩身之间本应是三根木棍的活连接，但因自制有难度，就用三根铁丝活连接取代三根刚性木棍的活连接，它们的支撑和拉扯效果一样。

时间都去了哪？转眼间，一年过去，村委会的新办公楼建好了，小赵也驻村两年期满回单位工作了。我便和沈哥将木人桩扛到了村委会新办公地点。在从村委会老住址到新住址的路上，我所负责的龚家

◆图162　制作桩身

◆图163　制作支架

◆图164　制作成形的木人桩（无脚）

◆图165 “转移”阵地

◆图166 装上脚的木人桩

寨组村民熊发延主动帮忙把木人桩缺的脚给装上了。至此，木人桩自制完毕，大功告成。

事实上，缺脚的木人桩自制作完成后，我俩很少用它来练习咏春拳，也许我们已经从木人桩的制作过程中获得了满满而持久的快乐。每一次看到静静矗立在村委会露台上的木人桩，就会不自觉想起制作时的愉快情景。然而每次想起制作过程中村民给我的帮助，就深深地体会到学院扶贫工作给村民带来的变化。

（廖承菌、赵梓敬、龚钦华、段晓华、沈动伟）

瀑布冲凉

临近端午，龚家寨的太阳一天比一天火辣，热得我们受不了。此时我便想起了一次和小龚去山里找大麻菜时望见的瀑布。小赵、小段一听说有瀑布，也和我一样急不可耐想要前往。我们各自拿上自己的毛巾便直奔瀑布而去。

等我们都把衣服裤子脱了，小段因为担心瀑布下的水潭里会有蛇而不敢下水，他只好站在水潭边担我们的摄影师。本来只想冲个凉，最后搞成了瀑布下摆造型。清凉的瀑布一泻而下，“啪啪啪”地打在我们身上，淋得我们都有些喘不过气来。森林里的瀑布真是清凉得刺骨，凉得要命。

小段的担心并非无中生有，在龚家寨，4月份雨季一来，很容易捕捉到蛇的踪迹，蛇往往出现在村组道路上、沟边，甚至爬到树上挂着。我们也意识到了危险的存在，因此，我们仅做了短暂的沐浴。

在当地像这样的小瀑布还有许多，用村上小卖部老板的话来说：“我们这里山有多高，水就有多高，而且水质很好。小卖部都不好意思卖瓶装水，也很少有人会买瓶装水”。

（廖承菌、赵梓敬、段晓华）

◆图167　擦手的姿势

◆图168　搓背的姿势

◆图169　战友的姿势

原始森林里捡菌子

木耳、香蕈、大红菌、鸡纵、八担柴等是龚家寨村最为常见的野生菌。这儿的野生菌可以从每年4月底一直吃到10月底。捡菌子已成为村民增加经济收入的一个途径。对于龚家寨村民来说，菌子捡得多又有人买，就卖了换点钱；捡得少或者不能马上卖掉，就自己吃。总之，都能从捡菌子的过程中收获满满。

一到捡菌子的季节，漫山遍野都是人，比赶集还热闹。

6月的一天午后，小龚把我和王琼叫上，我们三个人骑着一辆摩托车出了门。我俩跟着小龚来到附近的原始森林之中。这里古树参天，树上布满了厚厚的青苔，青苔表面附着密集的水珠，水珠像断了线似的不时顺着青苔表面向下滑落，地面铺满了蓬松的落叶、腐殖质以及零星躺倒在地的枯木、烂枝。阳光透过树枝，星星点点地飘洒在林中。树林里空气清新，环境清幽，让人感到全身舒坦。

◆图170　已生长炸开的古木

◆图171　已长满青苔的古木

◆图172　已卧倒的腐木

身临这样的美景，不知不觉之间融入自然，成了这里的一部分，以至于我们都忘记了是来捡菌子的。

在林子里钻来钻去，鞋子都湿透了。

“菌子在哪里呀？”王老师问道。

“走吧，跟我来，我带你们找。”小龚很有把握地说道。

森林里的地面高低起伏，一不小心就被潮湿的树叶弄滑倒，每一次滑倒都会感到不好意思，但每一次滑倒后心中便做好了再次滑倒的准备，但仍免不了一次又一次的滑倒。大家觉得滑倒在这蓬松的落叶铺装的地面上很是享受，有时故意滑倒，让大家笑笑。

为了找到美味的菌子，我们在森林中转悠了一个下午，正在一无所获时，听到小龚大声喊道：“廖老师，快拿你的塑料袋来装，一大堆呀！”我和王老师几乎同时应声后滑倒。连爬带滑地走了过去，只见一堆黄色的块状物体附在已卧倒的腐木上而且体量巨大，估计有四五斤重。

“这是面瓜菌。”小龚介绍说。

这下我们终于可以满载而归了，我们带去的一只塑料袋已被塞满，装剩下的一大块被王老师直接抱在了怀里，就像抱块大元宝似的，高兴得不得了。

带着面瓜菌，我们直接到小龚家吃晚饭。晚饭炒了一大碗面瓜菌，我们都是第一次吃这种菌，个个吃得津津有味，都说好吃，没一会儿就吃完了。

饭后，我回到宿舍，冲了个澡。一觉睡到大天亮。

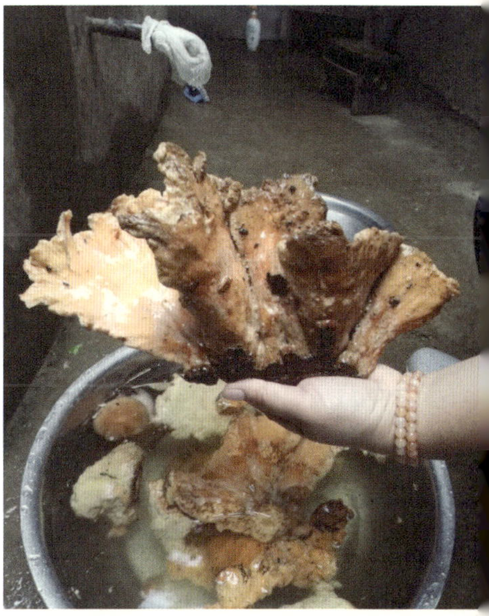

◆图173　在已卧倒的腐木上摘得的面瓜菌

◆图174　炒面瓜菌

（廖承菌、王琼、龚钦华）

游走乡村路

在脱贫攻坚期间，通往龚家寨村的乡村、村组道路硬化路面已大部分铺好。龚家寨组到大兴乡约有48里路程，龚家寨组到岔河组约有14里路程，龚家寨组到那卡爬组约有22里路程。

在此之前，龚家寨组村民从龚家寨组出发到大兴乡、岔河组、那卡爬组，需要下山、过河、上山。因为站在龚家寨组的山坡上，正对面山坡上的村子是那卡爬组，左手面对山坡上的村子是大兴乡，右手面对的山坡上的村子是岔河组。

因此，在那个出行依靠步行的年代，下山、过河、上山是必经的过程。

龚家寨组到岔河组的老路是我和小段一起走的，路程并不长，单边大约走了一个半小时。可能因为走的人越来越少了，原来的小路上开始被零星的野草占据，但竹木桥依然完好地横卧在河面上，桥下的河水仍旧清澈冰凉，流淌不息。

龚家寨组到大兴乡的老路是我和沈哥一起走的。由于大兴乡所在的山体比较大，我们从上午8点出发，走到大兴乡乡政府时已过了中午

◆图175　竹木桥

◆图176　潺潺的河水

12点。我们先是从龚家寨组村委会出发，步行约6里的乡村道路到达隔壁的户肯自然村，然后从户肯自然村顺着产业路一直下到山脚，穿过半山桥后，沿着盘山小路上山，最后来到大兴乡。在当地每五天有一次乡街赶集，过去龚家寨组的村民就这样步行到乡上买卖东西。龚家寨村下辖的那卡爬、岔河、户南三个组的村民到乡上还隔着龚家寨组，因此，他们赶乡街要走的路程自然就更长些。

龚家寨组到那卡爬组的老路是我和小赵、小段最先想走一走的路，由于种种原因，一拖再拖，并最终还是放弃了。这都是出于安全考虑，因为听说对面的山林中时常有老熊出来活动，对面那卡爬的拉祜族村民种的玉米时常被老熊偷吃破坏，并且在过去几年里也时常有老熊伤人的事件发生。

自脱贫攻坚以来，不论是乡村、村组道路，还是产业路，均已修通，交通已不再是制约当地经济发展的主要障碍。偶尔游走在这些曾经人们走过的老路上，不仅是一次领略自然风光的旅行，更是一次“忆苦思甜”的自我教育和自我激励的过程。

◆图177　下山：古茶树

◆图178　过河：半山桥

◆图179　上山：老树发新芽

（廖承菌、段晓华、沈动伟）

“花姑娘”不咬人

11月，龚家寨核桃树叶已落尽，光秃秃的树干和树杈上布满了蜘蛛网，在秋日午后阳光的照射下，银丝闪耀，走近一看，大大小小、色彩斑斓的蜘蛛静静地待在蛛网上守候猎物的到来。村民把这种蜘蛛叫“花姑娘”。

“花姑娘”并不咬人，我们常可以看到刚上一年级的小女孩都敢光着手膀让“花姑娘”在手臂上四处乱爬，不但毫无惧怕，而且感觉挺好玩似的。

更令人感到意外的是，一次晚饭的席间，“花姑娘”居然被端上了饭桌。我闻了闻，确实有点香气。“还是不要吃了。”我低沉地说道，然后看大家有没有反映，结果没有人回应。据说当地人经常会捕捉它来油炸下酒，反正我看着就害怕，不敢吃，也没有吃。不过，这次以后再也没看见有人吃了。

（廖承菌）

◆图180　油炸“花姑娘”

第六篇 扶贫心声

夜深了，月亮也更高更远了，凉爽的晚风带着些寒凉，我只好起身回家，桂花的香，还在空气里轻柔地弥漫……

爱一个人，攀一座山，追一个梦

那是秋天的某个凉爽的傍晚，我沿着月牙潭公园的步行道跑了几圈后，在舒适的晚风抚摸下，找了个石椅坐下，打算稍稍休息会。坐下后，我从裤兜里掏出手机，看了看微信统计的运动步数。此时，手机屏幕上唰唰唰弹出了好几条网页信息提示，我漫不经心地浏览了一番，眼前闪过“脱贫”二字，那一刻我的心突然跳了起来，好似有一只小鹿在心田里欢呼雀跃，脑海里隐隐约约浮现出那张温柔明净的脸庞，拿手机的手的劲儿也似乎大了些。怀着犹豫但又迫不及待的心情，赶忙在消息栏里仔细翻找，终于看到了带有“脱贫攻坚”字眼的信息。我用微微颤抖的手指点开了那些信息，里面宣传的信息不是贫困地区的脱贫措施，就是脱贫领头人的光辉事迹。看了这些报道后，勾起了我的回忆，回忆起自己曾经为脱贫工作付出的努力，也回忆起和村民们友好相处的场面，但不知为何，心底深处总有一种莫名的声音传来：“那她呢？她是光阴的相片册里的哪一页呢？”

一阵凉风柔柔吹来，伴着丹桂的香，我摇摇头想让自己清醒点，又随意滑动了几下屏幕，查看了日历，那已经是一年前的事了，我明白在龚家寨村工作的日子已经远去，离开那儿确实有些时日了，可是我放不下那段美好的时光，不仅仅因为那里有我奋斗过青春和淳朴的乡亲，更多的是心里牵挂着她。晚风和花香围绕着我，远处的月亮皎洁又宁静，我靠着凉凉的石凳，终于还是沉醉在记忆的深海：爱过的那个人、攀过的那座山、追过的那个梦，这些未经岁月侵蚀的场景慢慢在我的脑海中清晰起来。

2017年是我生命里一个特殊的年份。那年的3月正值美丽的晚春时景，我第一次到龚家寨村。作为一名驻村扶贫工作队员，我在那里一共工作了两年。犹记那时我刚刚开始接到驻村扶贫的第一个任务，就和其他新队员一起被安排到市里进行脱贫攻坚相关业务能力的培训，而就在这次培训会上，我遇到了令我心动的你。

不知道你有没有注意到，在培训会期间，我一直坐在你的后面。我依然记得第一次见到你的那一瞬间，我的内心是怎样的感受：仿佛是春风拂过面庞的温柔，恰似是春雨滋润心田的舒服，好像是春花开满山坡的明媚，我见过的、感受过的所有美好的风光都不及这次初遇。我在你眼里，或许只是会场上许多培训人员匆匆相遇的某一个，而你，那如同初夏清晨的露水般纯净的面庞，连同你那好听的名字，却是完完全全吸引了我啊！

在上课时，我总是阻挡不住自己的目光，偷偷看你，下课后更是情不自禁地在脑海里回想你的一举一动，你那银铃般清脆的笑声、活泼如小兔子般的举动都让我着迷。我不敢发呆或者休息，因为生怕一不小心就会漏掉你那仙女般的姿态。我喜欢你的笑容，你笑起时嘴角上扬的弧度很美，唇边好像开着一朵粉色的山茶花。可我不敢和你交流，一旦面对你，我的心跳就会加快，害羞的脸颊像红苹果一样红，嘴巴紧张到说不出话，我可真是个笨笨的人啊！培训会的三天，我像木头一样，只知道呆呆地望着你的背影。对我来说，你就是会场里那道最亮丽的风景线，走到哪，哪儿就是你的舞台，聚光灯只为你一人闪耀。青春靓丽的身影深深烙印在我的心里，我感觉自己正在一点点沦陷。怎么办？怎么办呀？一想到培训很快就要结束了，我的心越来越焦灼，并为自己的害羞而难过。培训会最后一天就这么悄然而至，我觉得自己可能就要这样和你错过了，心里盛满了难过和无奈。随着台上老师的最后总结，我明白培训就要结束了，我多想和你搭讪，又总是犹豫，自我劝退。就在我矛盾纠结的时候，你突然把头向后转了过来，我俩的眼睛恰好对到了一起，此时我已经来不及躲开你那明亮而温柔的目光，于是我只好鼓起勇气，笨拙地开口向你打招呼：“你好啊，很高兴认识你”。

“你在哪个村扶贫呀？”你眼睛里闪着星光，嘴角微微上扬，向我问道。

“哦，很高兴认识你”我挺直腰杆神色恍惚地重复着刚才的开场白，完全反应不过来你的问话。

“啊哈？！我是问你在哪个村扶贫呀！”你眼里的光更亮了，嘴角上扬的幅度也更大了。

“哦哦，培训太累了，精神有些恍惚。”我慌乱地找了个笨拙的理由解释我答非所问的原因，又赶紧回答你的问题：“我被安排在龚家寨村扶贫，是今年才刚来的扶贫队员，你呢？”我一边说着，一边忍不住向你凑近，一股清馨的花香味悄悄传来，我又有些恍惚。

“龚家寨村，就是大兴乡的龚家寨村吗？”你仰起身，扑闪着大眼睛问道。

“是呢，是呢，就是那儿。”我生怕自己再次出丑，所以很快地回答了，或许是你平易近人的态度让我找寻了些自信，我也鼓起勇气，装作不经意的样子，问道：“那你呢？”

“我呀，我就在隔壁的那个村子，大户肯村。”你轻快地回答道。

我的心又是咚咚地跳了起来，原来你就在隔壁啊！刚想再说些套近乎的话，这时大家等待已久的“散会”命令从主席台传来，我也只好看着你拉着其他同伴的手，随着人流离开了会场。

回村的路上，我的这颗小心脏呀，随着弯曲颠簸的山路摇摇晃晃，实在难以平静。难道这就是传说中的有缘千里来相会吗？会上我俩是前后座，会后又得知我俩是相邻的村子，真是天公作美，冥冥之中我俩居然有了不少交集。怎样才能增加这交集呢？我苦思冥想，找不到什么合适的理由，好不容易想到了一个理由，又发现不能“循环使用”，我着急了，不能就这样放弃啊！我心里的小人儿为我加油鼓劲，啊，对了，我可以把晨跑锻炼的折返点定到你们村啊，这样就算经常遇到你，也不怕你起疑心。好嘞，就这样定了！

就这样，每个清晨，当大家还在甜甜的美梦里熟睡时，我已经跑上了一条“不归路”。这条晨跑路线可不如城里宽阔的柏油路，我们之间，可是隔着一座山啊！沿途的山路并不好跑，道路十分险峻，坡度极陡，还要面对多而复杂的发夹弯，弯处视野盲区多，我还必须要面对车不鸣笛的风险。

不过，虽然爬坡很累，但我却咬牙坚持了下来，有时感觉自己累了，我还特意鼓足劲用力加快步伐，好像在和自己对着干。我不允许自己想着累了就停下来，我只想山的那一边会有更美的风景在等着我，为了能多见见你的笑颜，我甘愿做个翻山越岭的“愚公”。

我的努力没有白费，见你的次数多了，咱俩也从开始时相互说些客套话，到无话不谈，和你的距离每近一点，我就多些快乐，常常一整天，我都像喝了蜜一般，只觉得日子是如此甘甜。

终于，我们会对彼此诉说着各自的故事，快乐的时光一起分享；难过的经历相互倾诉，心里的负担一下子就减轻了。我们还会相约着一起跑步，从此，两个村之间的山路上多了两道身影。我依然记得那些美好的时光：我们一起穿梭于农家院前的小径，一起欣赏漫山遍野盛开的野花，一起翻越晨间云雾缭绕的山峰，一起品尝当地的香茶美酒，一起在核桃树下研究核桃树开花结果的过程，一起商量着脱贫结束后的打算，一起约定属于我俩的甜蜜未来……

其实我真的以为，我们会在以后漫长的时光里，还可以有很多共同的美好经历，直到那天下午，咱俩坐在同一张条凳上，却都在起身时险些让对方摔倒，方才明白有缘千里来相会对我们来说或许真的只是传说……

不过我却始终相信：虽然人生短暂，如白驹过隙，我们终将分别，但是要勇于面对，大胆追求，爱一个人，攀一座山，追一个梦!

最后想和你说一声“谢谢”，谢谢你甜美的笑容温柔了那一段艰苦的时光。但我又不愿意和你说谢谢，因为总觉得这句话几乎泛滥得可以出现在任何场合，这样冷冰冰的客套话不足以表达我那炙热的情感。我只想跟你挥一挥手，再挥一挥手，但我眼里仍浮现过去的美好时光，却什么都说不出口!

夜深了，月亮也更高更远了，凉爽的晚风带着些寒凉，我只好起身回家，桂花的香，还在空气里轻柔地弥漫……

（赵梓敬）

给丈夫的一封信

亲爱的小菌：

近来可好?

时间过得真快呀！转眼间你到龚家寨驻村扶贫已经有一年多的时间了。因为工作太忙，所以就一直没有时间给你写信。说起来，恐怕你不会相信，连我自己都不敢相信，心中千言万语，一旦拿起笔来，却不知道从哪里写起。再说，现在已习惯使用QQ、微信聊天，感觉写信已是上个世纪的事了，如果将此事传出去，没准让人笑话，你说呢?

首先要祝贺你顺利考取博士研究生。俗话说得好，有付出才会有收获，只有不懈努力才会变得更加优秀。漫漫求学路是很艰辛的，但有我与你一路同行。其次，我也要祝贺我自己。去年3月申请在职硕士延期一年毕业的我，今年6月通过论文答辩，顺利毕业，取得了硕士学位。我们一路走来，在工作中、学习上、生活里，互相鼓励，互相支持，互相帮助，共同进步。无论在学习中还是在工作上，累过，哭过，但我从来没有抱怨过，放弃过，因为我相信胜利永远属于坚持前行的人。

你不要过于惦记家里面，我们都挺好的。小萱萱又长高啦！萱萱爷爷的牙齿一直不好，安了好几颗假牙，严重影响消化，加上因工作劳累，整个人都瘦了好多，精力已大不如从前。他现在已从返聘他的那所大学辞职了，专注种植他的“牙”。听医生说要半年，时间比较长，先要进行牙周炎治疗，然后视情况再种植“牙”。你知道的，我们都劝过他老人家很多次了，既然退休了，就不要去发挥余热了，好好在家休养。这次他辞职回家，我们也少了一份操心。萱萱奶奶依然坚持每天吃降压药，测量血压，现在血压已被控制，基本保持在标准值以下，一切安好。进入雨季了，你们那边经常出现山体滑坡、道路塌方，你们出行一定要注意安全。

还记得2018年2月下旬，你被组织选派下乡驻村扶贫，成为龚家寨驻村扶贫工作队的一员，那会儿萱萱还不到一岁。你去驻村后，我们的生活就发生了一些变化，很多事情本应该我们一起分担，因为你不在我的身边，所有的事情都必须由我一个人扛。为了不影响工作，带好孩子，萱萱的奶奶陪伴我们长期居住在学校的小哨校区宿舍。2018年3月初，开学上班第二天的傍晚，萱萱忽然发烧，物理降温没有效果，晚上8点左右烧到38.6℃，把我吓坏了。我只能求助我哥哥。我哥连夜开车从昆明赶到小哨，接着我们老少三人返回昆明，将萱萱送去医院。一整晚孩子因支气管发炎反复发高烧，医生建议住院治疗，幸亏没有引起肺炎。之后的一段时间内，我每天在家和学校之间来回跑。由于所住的小区离校车停车点有三四公里，没有直达的公交车，我每天早上六点就得起床，骑共享单车到乘车点换乘校车。坚持一个礼拜后，实在受不了了。你知道的，虽说我拿驾照时间不短了，但从未独立开车上过路，这次决定逼自己一下。练习了一个星期后，我就独自开车往返学校了。我们每周五回昆明，周日傍晚返回小哨校区宿舍。尽管辛苦，但我们俩是幸福的，因为我们有家人的理解、帮助，有校领导及同事的关怀、支持。我相信，一起吃过的苦才会收获最美的甜。

小孩的成长速度是我们初做父母的人无法想象的。两岁零三个月的萱萱已经会自己上卫生间拉㞎㞎了，还时常语出惊人。她会给长辈递水，叫她爷爷奶奶“喝水”。特别讨爷爷奶奶的喜欢，爷爷奶奶都把她当成掌上明珠。对于萱萱来说，她并不能理解“下乡”是什么意思？今年父亲节的那天，我问她：“宝贝儿，在你的心中，爸爸是什么样子的？”小家伙眨巴眨巴眼睛并没有回答我，只是望着我。过了一会儿，她跑过来告诉我：“爸爸戴眼镜。”她若有所思地说，“爸爸下乡……爸爸和我看动画片。”有一天，萱萱把你小时候玩的玩具熊放在床头，她告诉奶奶玩具熊是爸爸。当时我心里特别难受，我知道她想爸爸了……

小菌，今年5月下旬一个周日的下午，我开车带着萱萱和奶奶准备返回学校。你短暂调休后，第二天就要回村工作，你没有和我们一起上车返回学校。车开出小区的那一刻，小家伙突然大哭起来。“爸爸呢？”萱萱哭着说。通过中间的后视镜，我看到萱萱的奶奶两眼发红、湿润。我强忍着泪水欺骗她说：“萱萱喜欢喝的酸奶妈妈忘记拿了，爸爸去拿了，一会儿他来找我们。”她这才勉强停止哭闹。孩子的爱是单纯的，每次我问她最爱谁，她都会告诉我：“最爱妈妈、爸爸。”在孩子的成长过程中，孩子永远都希望爸爸妈妈陪伴在他们身边。你和你的同事们，为了大家舍去小家，让我由衷敬佩。我相信萱萱长大后，一定会明白今天我们所做的这一切。

习总书记曾寄语：“广大青年即是追梦者，也是圆梦人。追梦需要激情和理想，圆梦需要奋斗和奉献。”习总书记也曾说，每一代青年都有自己的际遇和机缘，时代的责任赋予青年，时代的光荣也属于青年。没有哪一代人的青春是容易的，但是每一代人的青年都是大有可为的。我也坚信，成功从来没有捷径可走，唯有坚定的信念和不懈的努力！通往梦想的路从来都不是一马平川、一蹴而就的。身处新时代，无论身在何地，同为中共党员的我们，要不忘初心、牢记使命，做奋发有为的青年。脱贫攻坚是我们的共同责任，我相信你不会辜负组织的重托，不会辜负家人的希望，圆满地完成任务。

小菌，别烦我啰唆，你要记得经常洗澡，勤换洗衣服，还有就是不要忘了吃早点哦！

祝身体健康！工作顺利！

你的媳妇

2019年7月12日

（唐丽群）

回　望

2016年初，为了响应国家脱贫攻坚战的号召，学校决定派遣一批教师去参加实现全面脱贫、决胜全面小康社会这一伟大“战役”，我主动报名参加了扶贫工作队。在开展精准扶贫、精准脱贫工作中下了真功夫，摸清了龚家寨村的贫困状况，为龚家寨村制定了脱贫攻坚计划，切实就地解决贫困问题，受到了民众广泛好评。回望这段扶贫经历，留下了深刻的记忆。

首先，扶贫要从根上了解致贫的原因。龚家寨村贫困的根本原因就是民众致富的意愿不够强，很多村民认为：“我家祖祖辈辈脸朝黄土背朝天地干活，也没见富起来，那就按部就班地世世代代维持这种的状态，能够生存下去就好了。”同时，他们对外界不闻不问，也不想去了解，有点与世隔绝的感觉。所以，要让贫困户摆脱贫困的关键就是让他们有走出贫困的决心和意志。扶贫是目的，扶智是手段，扶志是从根本原因上解决贫困。只有从精神上扶贫才是真扶贫，只有精神脱贫才是真脱贫，只有思想达到脱贫的要求才能彻底摆脱贫困。

其次，云南农业职业技术学院属于职业教育单位。我所在的龚家寨村的总体教育水平令人担忧，我刚去那年见过好多适龄儿童或少年辍学，详细询问后听到的回答有“自己不想读书，就想在家玩”“父母说读很多书没什么用”“再过几年就要嫁人”等。这就导致智力层面上出现了“恶性循环”，父母没什么文化，孩子再辍学后也没什么文化知识，最终导致至少三代内都缺乏文化知识，智力严重缺失。也就导致脱贫的“欲望不强”，喜欢“等要靠”，不喜欢自己动手丰衣足食。所以我认为，龚家寨村最重要的事就是教育扶贫，把民众不爱学习、“等要靠”的思想彻底扭转过来，这就需要教育行业加大教育的扶持力度，把村民全部召集起来集中培训，提高他们的文化素质、技能水平，介绍外部世界的变化情况，对比龚家寨村与外面发展很好的村寨的巨大差距，鼓励他们学文化知识与技能知识后多去外面走一走、闯一闯，找找差距，树立走出贫困的决心和意志，最终实现全面脱贫。

最后，就是龚家寨村属于边疆少数民族聚居区，酒文化源远流长，但酗酒行为不仅影响劳动生产活动，还会影响人身财产安全，更会影响脱贫攻坚。所以，村里应该设置奖惩措施，村组干部经常监督，对于一天到晚喝酒后人事不省或无所事事的村民将给予严厉的处罚，对于有改变的，需要加大奖励力度，最终形成该劳动生产时就要去劳动生产，该休息的时候喝一点酒也无伤大雅。

总之，要实现全面脱贫还面临各种困难，需要具体问题具体分析，只有找到问题的根源，才能很好地落实精准扶贫的政策，对症下药。

（谭淑文、廖承菌）

牢记于心

我是一名来自于云南省临沧市耿马县大兴乡龚家寨村一户贫困家庭的大学生。回顾过去，我的求学之路充满各种艰辛。对于从小生活在城市的孩子来说，很难体会到一个贫寒农民家庭孩子考上大学的喜悦和背后所付出的努力。

虽然我现在是一名医学院的大学生，但我最初的梦想并不是学医。在读小学时，母亲的病还不那么严重，我们一家人快乐地生活在一起。那时候，我每天放学回家后要去找猪草、煮饭，干完活后才返回学校上晚自习；到了周末，白天要放牛，晚上才能做作业。那时候虽然很苦很累，但是我没有任何怨言，也不羡慕过别人家的孩子，因为我的父母已经把最好的给了我。虽然我家没有摩托车送我去上学，但是我在步行的途中愉快地欣赏周边美景，陪伴父母，这种快乐是那些坐在车上的人们难以体验到。那时候我们家还没有电视机，我和妹妹经常跑去邻居家看。我对电视中的解放军很崇拜：战争年代，他们与敌人拼杀，抛头颅、洒热血，不怕牺牲；和平时期，他们抢险救灾，不畏艰险，勇往直前；他们英姿飒爽的身姿，展现男儿坚强的品质。我曾经在一段时间立志长大了要成为一名光荣的解放军战士，保家卫国。就这样，我怀揣参军的梦想，平淡无奇地度过了我的六年小学时光。

就在我小升初的时候，我的母亲由于长时间的劳累病倒了。在村卫生所打了好久的针水，吃了很多的草药，也想了许多办法，但不见好转。父母决定要到临沧市人民医院去医治。因此，在新生入学报到的时候，别的孩子都有父母陪同，只有我孤身一人办理入学登记手续。开学报到的那个星期是我人生中最漫长的时光，可以说度日如年。

周末回家后，我对奶奶说："我不读书了，我要去打工，帮扶家里。"随后我又打电话给我爸妈说："为了减轻家里负担，帮助妈妈治病、照顾妹妹，我就不读书了。”

不管我怎么说，父母坚持要让我读书。我强忍着泪水挂了电话，在心里暗自下定决心，我一定要好好学习，不辜负他们的期望。差不多半个月以后，我父亲就带着我母亲回到了家中。

我问父亲：“妈妈的病完全好了吗？”

父亲犹豫了一下说：“没有。”

“那为什么要那么着急回来呢？”我又说，“病治好了再回来。”

“不敢住太久了，花费太大了，到处都要花钱。”父亲说。

听完父亲的话，我鼻子一酸，泪水忍不住顺着脸颊流了下来。从那一刻起我就发誓要当一名医生。我从小生活在农村，目睹过许多辛苦劳作的乡亲因长期繁重的农活而积劳成疾但无钱治病的情形，也目睹过亲人躺在病床上无能为力、绝望的眼神。为了实现自己理想，初中三年我刻苦学习；为减轻家里的负担，周末帮爸妈干农活。

初中毕业，我不负众望，以优异的成绩考入临沧市第一中学，临沧市第一中学是很多同学梦寐以求的学校。成绩公布的那天，我兴高采烈地打算把这个好消息告诉父母，但无意中听到了父母的谈话，得知我们家为母亲治病欠了很多钱，已经没有钱继续供我读高中了。我虽然非常不甘心，但是只能无奈地接受这个现实。当我把家庭情况和放弃读书的想法告诉班主任时，班主任十分惊讶，班主任和校长都强烈反对我辍学。他们都极力劝说我，千万不要放弃这么好的机会，让我坚定信心，大家一起想办法解决困难。校长打电话给我们村委会的支书，让她去劝说我爸妈。经过校长和村支书的劝说，爸妈同意让我去读县一中。这样可以省些费用，我也很珍惜这个来之不易的机会。开学时，老师知道我们家的情况后，告诉我学杂费等可以先缓一缓。周总理曾说过：“再苦不能苦孩子，再穷不能穷教育。”我们县教育局也提出了“不让一个孩子因家庭贫困而失学”的口号，颁布了教育精准扶贫的政策，我就是其中的一个受益者。高中三年我一直没有放松学习，获得过好几次国家助学金和奖学金以及社会爱心人士的助学金，帮助我顺利读完高中，考上了自己理想的大学。

考虑到家里的实际经济状况，我报考了昆明医科大学，攻读临床医学（全科）专业。在大学期间，每年都免除学费和住宿费，这在很大程度上减轻了我父母的经济负担，我的生活费也通过助学贷款途径得到了解决，我可以安心读书。

转眼间，我现在已经大二了，两个妹妹在国家教育政策的帮助下顺利地读着小学和初中。全家还住上了宽敞的砖混平房，楼顶还搭建了彩钢瓦。现在水泥路通到了各家门口，各家门口都装上了太阳能路灯，居住环境比以前改善了很多，特别是收入比以前提高了好多倍，这一切都得益于党和国家的扶贫政策，得益于驻村工作队的辛苦付出。

记得在我高考前夕，云南农业职业技术学院的驻村扶贫工作队员放弃了亲人团聚和舒适的生活环境，来到了我们这个贫困的高寒山区。这里远离城市，他们每次往返都要花两天时间；他们住在狭小的活动板房，无论炎热的夏天还是寒冷的冬天，他们都没有怨言；面对艰苦的生活，他们却乐观豁达，坚守初心，帮助我们摆脱贫困，一起奔向小康社会。他们把我们当作是自己的亲兄弟亲姐妹。大家都说，和农职学院驻村的老师说话，很轻松，就像一家人。他们没有一点架子，能想贫困户之所想，急贫困户之所急，耐心倾听贫困户的心声。他们走村入户，不怕脏，不怕苦，不怕累。他们了解当地实际情况，帮助我们因地制宜发展种植业、养殖业，帮助我们脱贫。扶贫先扶智，他们不厌其烦地与我们谈心，促使我们转变观念，极力劝返辍学学生重新踏入学堂。他们不畏风吹雨淋，带头搞好卫生，提升人居环境。每逢佳节他们会带上慰问品看望我们，使我们觉得心里暖暖的。他们为我们早日脱贫鼓劲加油、出谋划策，他们的心里装着我们，我们的心里也惦记着他们，我们永远是一家人。

我从一个差点两次辍学的贫困学子到如今实现大学梦想的龚家寨村孩子，我亲身见证了家乡从曾经的贫穷落后、吃不饱饭、看不起病、上不起学到现在山村面貌焕然一新，不愁吃，不愁穿，义务教育、基本医疗、家庭住房全有保障。我深深地体会到，这些成就的背后，既有党中央扶贫攻坚政策的落实，也有各级政府的努力工作以及全社会的共同参与，以及一批又一批信念坚定、不畏困难，不断落实习近平总书记关于脱贫攻坚指示的驻村扶贫工作队员的艰苦奋斗。如今，我的家乡变了模样，换了新颜，扶贫队员们却晒黑了；我的家乡脱贫了，他们却变瘦了，有的两鬓出现了白发，有的甚至献出了自己宝贵的生命。为打赢脱贫攻坚战，决战全面建成小康社会，千千万万扶贫工作队员不忘初心，砥砺前行，他们无私奉献的精神将永远留在大地上，与日月同辉，我们会永远牢记于心。

（熊该良）

悯 耕

每临亢旱少新茶，久雨多灾误稻花。
黍稷失收蒿草旺，犁锄生锈底肥差。
观时父老愁粮食，耽乐儿孙弃镐耙。
但愿天公能眷顾，后人还会种桑麻。

（崔金赋）

龚家寨之恋

那一天百花初开，
你从远方走来，
像一袭春风，
吹开了少女的情怀，
我的心门从此为你敞开，
爱的潮水从此为你澎湃。
阿哥啊，
你可知道，
我长长久久的爱，
只等你到来；
阿哥啊，
你可知道，
阿妹的梦，
从此因你而精彩。
阿妹的爱就像浓浓的雾——
羞涩中的朦胧，
等你揭开，
等你揭开。

那一夜秋叶飘落，
你从我身边离开，
似一粒尘沙，
飘向遥远的天外，
我的思念从此只为你存在，
魂牵梦萦再难把你忘怀。
阿哥啊，
你可知道，
你带走了阿妹的心，
带走了阿妹的爱；
阿哥啊，
我不知道，
你可否把我记起？
你何时再来？
阿妹的爱就是那绿色的海——
永远为你等待，
为你等待。

阿哥哟，
茶花儿开了又谢，谢了又开，
你却不在；
阿哥哟，
提亲的人儿来了又走，走了又来，
你在天外；
阿哥哟，
你可知阿妹对你的——
痴心不改？
我在等你回来，
等你回来，
等你回来……

（罗勇）

驻村诗五首

村居夏夜

苍翠依山排，氤氲散不开。
客寥如仙子，路曲通瑶台。
垫脚可摘星，举手月满怀。
莫道乐章少，蟋歌入梦来。

夜半蟋声

蟋蟀做客卧窗台，夜半高歌独自嗨。
雨声合拍三两点，扰我好梦不舒怀。

夏夜虫唱

夜听虫鸣似笙箫，远近高低各有调。
谁说野间无雅趣？入耳成韵胜离骚。

山中雾

鸣鸟听山静，重云坠天低。
最喜山间雾，朝夕总相依。

冬至

入户归来有感

冬至夜渐长，拂面风微凉。
入户归来晚，倚门看夕阳。

（罗勇）

爱在那卡爬

（直白 欢快地）
拉祜山寨那卡爬
彩云之上有人家
山路弯弯半山挂
青山绿水人人夸
（……）
那卡爬　雅米哈
山里盛开的一朵花
火塘边上烤香茶
喝着香茶我想着她

拉祜人家那卡爬
高高山坡开荞花
羞羞答答雅米哈
看着看着我迷上了她
（……）
那卡爬　雅米哈
好山好水开好花
情窦初开羞答答
看着看着我爱上了她

那天我来到那卡爬
古树老茶发新芽
生态猪羊满山洼

翻过梁子我找到了她
（……）
那卡爬　雅米哈
我要把她娶回家
带上火腿拉祜茶
我要和她走天涯
带上火腿拉祜茶
我要和她走天涯
（哈哈列列呃～阿雅啵！）

（王贵斌）

爱在那卡爬

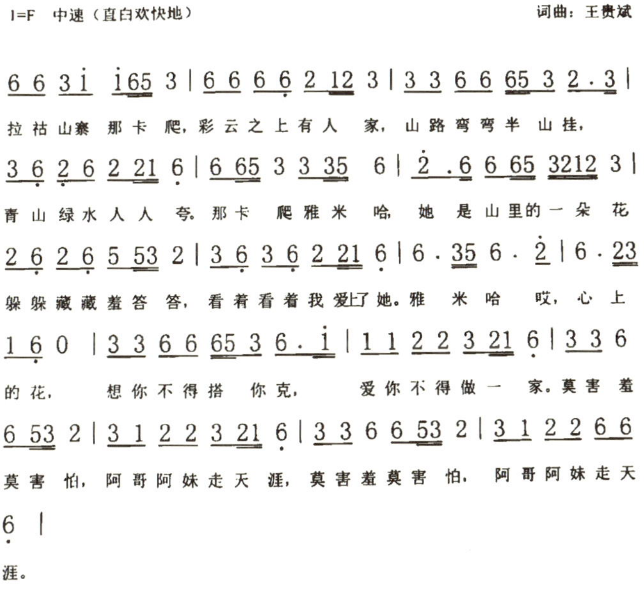

◆图180　《爱在那卡爬》歌谱

回　顾

云南农业职业技术学院扶贫工作

按照云南省委、省政府关于“挂包帮、转走访”扶贫攻坚工作的有关部署，云南农业职业技术学院挂包帮扶耿马县大兴乡龚家寨村。一直以来，云南农业职业技术学院始终坚持以习近平新时代中国特色社会主义思想为指导，深入贯彻落实习近平总书记关于扶贫工作重要论述，按照党中央、国务院和云南省委、省政府决策部署，坚持精准扶贫精准脱贫基本方略，结合自身实际，精准施策、真抓实干，开展了一系列活动，精准扶贫精准脱贫取得显著成效。学院“挂包帮”“转走访”脱贫攻坚工作得到了中共临沧市委的高度认可，大兴乡龚家寨村“两委”、贫困群众对学院挂包工作和驻村工作满意度高，反响好。

一、组织领导到位

一是认真落实定点扶贫机构和责任人。学院高度重视脱贫攻坚工作，把脱贫攻坚作为重大的政治任务来抓，将扶贫攻坚工作与学院中心工作同部署、同安排、同落实。2015年成立了云南农职学院扶贫开发领导小组，由学院党政主要领导亲自挂帅，下设办公室在党委办公室（院长办公室），切实发挥办公室承上启下、沟通内外、协调左右、联系四面八方的枢纽作用，统筹协调学院扶贫工作。二是院领导带队开展调研工作。学院党委书记、院长每年带队深入挂联点耿马县大兴乡龚家寨村开展“转走访”活动，实地了解帮扶项目实施情况和贫困村贫困户发展情况，查缺补漏、增添措施，不断健全完善脱贫攻坚规划和年度实施计划，巩固提升帮扶成果。三是制定工作方案，合理安排扶贫工作。制定并印发了《云南农业职业技术学院扶贫攻坚“领导挂点、部门包村、干部帮户”和“转作风走基层遍访贫困村贫困户”工作方案》《云南农业职业技术学院扶贫攻坚帮村计划》。每年结合扶贫工作实际，制定学院年度扶贫实施方案，对扶贫工作进行全面安排部署。三是多次召开会议推进扶贫工作进度。2015以来学院主要领导先后召开41次会议学习、研究部署扶贫工作，其中党委会研究13次，院长办公会研究9次，与云南省侨办、耿马县政府领导召开“挂包帮、转走访”联席会议研究4次，召开脱贫攻坚工作推进会议、座谈会15次。

二、责任落实到位

一是进一步压实帮扶责任，明确责任领导、责任人，结合学院实际，有针对性地安排学院71名中层以上领导干部挂包帮扶龚家寨村143户建档立卡户，掌握人员情况变化完成动态调整工作。二是部分帮扶干部深入龚家寨村积极开展结对帮扶活动，走访慰问帮扶对象，详细了解帮扶对象的健康、收入及生产生活等情况，认真倾听帮扶对象帮扶需求和发展意向，并结合有关扶持政策分析致富途径，为贫困群众出主意、想办法、送政策、送信息。三是学院帮扶干部利用微信、QQ等即时聊天工具与帮扶对象视频通话，面对面了解帮扶对象情况，进一步加强与帮扶对象的沟通联系，拉近距离，增进感情。四是结合帮扶对象的实际情况，积极帮助帮扶对象解决农副产品销售等方面的实际困难，部分帮扶干部自发购买扶贫点农副产品。

三、资金投入到位

一是扶贫经费列入学院预算管理，扶贫经费有保障。为了确保学院定点挂钩扶贫工作的顺利开展，学院将扶贫经费列入学院预算管理，在经费上保证了扶贫工作的顺利开展。2015年预算10万元，2016年预算49.38万元，2017—2019年每年分别预算70万元，2020年预算

100万元用于开展扶贫工作。二是追加扶贫经费，助推扶贫工作开展。针对大兴乡及龚家寨村在扶贫攻坚中发现的实际困难，学院根据扶贫工作实际需要，在扶贫经费预算之外，额外追加扶贫经费，助推扶贫工作。2016年增加20万元用于扶持龚家寨村的产业发展，其中10万元扶持龚家寨村建立茶叶初制所合作社，10万元精准到户、责任到户进行有针对性的产业帮扶；2017年增加15万元产业帮扶资金扶持龚家寨村农业产业发展、危房改造、环境卫生提升等工作；2018年追加64万元经费帮助大兴乡政府解决贫困户住房维修缺口资金及冲刺迎检困难问题。三是及时拨付扶贫资金，促进扶贫项目顺利开展。学院在自身办学条件急需改善、资金十分紧张的情况下，缩减院内经费开支，积极安排自有资金用于龚家寨村扶贫工作。截至目前，已向龚家寨村拨付扶贫资金共计367.51万元，其中2015年10万元，2016年69.85万元，2017年80.89万元，2018年138.64万元，2019年68.13万元，2020年预算拨付扶贫资金100万元。

四、扶贫措施到位

（一）发挥人才优势，开展技术扶贫

学院充分发挥人才优势，积极开展种植养殖等实用技术培训，让村民掌握一技之长，激发群众内生动力，改变“等、靠、要”的思想。一是在大兴乡龚家寨村举办种植养殖技术培训班9期，培训龚家寨村农户1273人次。二是在学院小哨校区组织开展一期畜牧兽医技术培训，免费为大兴乡培训畜牧兽医技术人员15人，培训时间14天，鼎力协助大兴乡提高生态养猪技术水平。三是由学院承担完成了包括耿马县在内的临沧市8个县区共28场次3000余人次的职业烟农培训工作。四是充分发挥驻村工作队员专业优势，牵头组织耿马县职业教育中心、临沧市土壤肥料站相关技术人员，结合龚家寨村当地农业生产实际，申请实用新型专利一项。

（二）发挥教育优势，开展教育扶贫

一是减免贫困家庭大学生学费、住宿费。对生源地为大兴乡并在我校就读的学生，免收3年学费和住宿费，并在勤工助学、校内奖助学金、困难补助等资助政策方面给予优先考虑。2018年将贫困家庭学生学费减免的生源范围由原来的大兴乡扩大到耿马县。二是加大对贫困家庭大学生的救助力度。对生源地为龚家寨村，参加高考并考入云南农业职业技术学院以外的（一专以上）大学就读的大学生，给予2000元的困难补助。三是设立龚家寨小学奖学金。在龚家寨小学每学年设立云南农职学院奖学金5400元，每学期奖励品学兼优的小学生9名。四是开展教师培训。组织大兴乡30名中小学教师开展网络培训，通过培训使当地教师熟练掌握信息化教学方法，提高普通话水平及英语交流能力。

（三）发挥技术优势，实施产业扶贫

产业扶贫是扶贫开发的主要抓手，是精准扶贫精准脱贫的关键举措，是从“输血扶贫”转向“造血扶贫”的重要体现，是实现脱贫攻坚的根本之策。学院发挥自身技术优势，结合当地产业发展特色，积极开展产业帮扶。2015年以来投入102万元资金，扶持龚家寨村建立茶叶初制所合作社一个，建立村互助社一个，扶持当地农户种植玉米1350亩、米荞2000亩、烤烟430亩、豌豆450亩，养殖生猪100头、羊200只。学院驻村工作队组织实施“村互助社+养殖大户+建档立卡贫困户”的养殖经营模式，以“云南农业职业技术学院产业扶贫签约模式助推贫困户稳定增收”为题收录耿马县挂包帮转走访工作简报第20期。

（四）发挥人文优势，开展文化扶贫

学院始建于1904年，首开云南职业教育之先河，具有115年的办学历史，在办学历程中，凝聚形成了独具特色的农耕文化、革命文化、先进的社会主义文化以及职业教育文化。学院充分发挥自身人文优势，在定点扶贫点龚家寨村开展精神文明建设，培育特色文化村寨，在龚家寨村组建民族风情特色文化演出队，并安排资金为民族风情特色文化演出队添置演出设备及服装，聘请专业人士指导演练，拍摄了少数民族歌曲音乐短片《爱在那卡爬》，让龚家寨村的民族特色拉祜族歌舞原汁原味走向邻村、走向县城。

（五）发挥榜样力量，宣传推广典型

一是将在脱贫攻坚中攻坚克难的先进典型事迹作为“不忘初心、牢记使命”主题教育先进典型学习的重要内容，采取先进事迹报告会形式，集中学习宣传了驻村工作队员何桥同志的先进典型事迹，在全校营造学习先进典型、勇于担当作为、投身脱贫攻坚一线的良好氛围。二是云南省“挂包帮”“转走访”工作简报、云南组工信息、云南网、云南日报、云南经济日报、云南扶贫热线等媒体发布学院扶贫工作报道9条。三是通过学院门户网站精准扶贫专栏发布扶贫新闻报道66条，及时宣传推广学院扶贫工作成效，营造良好氛围。

（六）积极联系社会力量，开展爱心捐赠

一是学院积极与云南省残疾人福利基金会联系，向大兴乡下辖6个行政村及四排山乡东坡村无偿捐赠1万件服装，所有衣物均按质、按量、按规发放到村民手中。二是根据龚家寨村村民的实际需求，组织学院教职工开展衣物捐赠活动，共捐赠衣物800余件。三是发动社会力量为龚家寨村小学捐赠校服38套、文具书包42套，图书850册、84套运动服和水杯。四是向贫困户捐赠毛毯104套、电热壶150个和水杯900个。五是积极联系与学院合作的企业为龚家寨村赞助资金2万元、捐赠电视机30台；广泛动员学院挂钩干部为部分帮扶对象捐赠了沙发、床单、米、油等物品，帮助挂钩帮扶贫困户解决因资金短缺新建房屋内家具匮乏的问题。

（七）着眼民生问题，改善基础条件

一是拨付32万元经费分两期实施人居环境提升工程，在龚家寨村建设太阳能路灯71盏，切实解决了龚家寨村组道路照明问题，进一步提升村民生活生产条件，塑造美丽乡村新风貌。二是拨付17万元资金帮助龚家寨村委会建设附楼1层，包括宿舍、厨房，建设村委会新建办公楼大门一座，龚家寨村委会新建工程已于6月底整体完工。三是结合龚家寨村村委会新办公楼卫生条件差、不具备洗澡条件、周边村民及驻村队员洗澡困难等客观实际，列支2万元经费建设村委会洗澡间。四是为龚家寨小学安装太阳能热水器、厨房蒸饭机，搭建彩钢瓦遮雨棚，不断改善了龚家寨小学师生办学设施条件。

五、人员保障到位

一是及时选派调整驻村工作队员。学院按照云南省“挂包帮”“转走访”工作联席会议办公室的有关要求，结合学院实际，严把工作队员选派关，认真遴选素质优、能力强、作风实、熟悉基层的优秀干部作为驻村工作队员选派调整人选。2015年以来调整选派13名工作队员。二是加强驻村工作队管理。学院所有驻村扶贫工作队员全脱产驻村工作，严格按要求吃住在村，严格遵守“八必须”“八严禁”纪律要求，与村干部一起轮流值班，不参加与驻村工作无关的活动。所有驻村扶贫工作队员严格执行外出报备制度，凡离开工作岗位的必须提前报备，严禁未经报备私自外出。三是提高工作队员待遇，充分调动工作队员积极性。认真落实好驻村扶贫工作队员生活补贴、人身意外保险、体检、休假等政策待遇，通过每月足额发放1500元生活补助、落实艰苦边远地区津贴、将驻村扶贫工作队员的绩效工资从发放10个月调整为发放12个月等措施，不断提高驻村扶贫工作队员福利水平，切实从生活保障上充分调动工作队员积极性。四是坚持在脱贫攻坚一线培养锻炼、考察识别、选拔任用干部。学院拿出一定名额，及时提拔重用在脱贫攻坚中实绩突出的优秀干部，同时对驻村期满返回单位的驻村队员在专业技术职称评审聘用方面给予优先考虑。2015年以来学院提拔重用了7名驻村队员，其中1人任部门正职，1人主持部门工作，1人任部门副职，4人为副科级干部。

六、扶贫成效明显

学院挂联点耿马县大兴乡龚家寨村共有建档立卡贫困户216户864人，学院71名领导干部共结对帮扶143户579人。通过学院各项扶贫措施的落实到位，通过驻村工作队的辛勤工作及广大贫困户的积极努力和配合，定点扶贫点龚家寨村人均收入从2015年的3023元增加到2019年的6815元，学院结对帮扶的建档立卡贫困户全部脱贫出列，龚家寨村于2018年年底顺利通过省级验收，整村脱贫出列。2018年学院被授予“临沧市脱贫攻坚奖扶贫先进单位”荣誉称号，在2018年度220家省级单位定点扶贫考核工作中，学院扶贫工作被考核为“好”的等次。

2019年 4月30日，云南省人民政府召开新闻发布会，正式批准学院扶贫点所在地耿马县退出贫困县序列；7月13日学院扶贫点龚家寨村顺利通过国家抽检，实现了零漏评、零错退、零质疑、高质量脱贫。

（浦磊）